極限の思想

サルトル

全世界を獲得するために

Jean-Paul Sartre

熊野純彦
Kumano Sumihiko

講談社選書メチエ

le livre

目次

第Ⅲ章 人間存在の自由 159

責任編集＝大澤真幸・熊野純彦

凡例

サルトルの著作からの引用については〔　〕内に略号と頁数をしるす。

（B）*Baudelaire* (1947), Gallimard 1988.（『ボードレール』）

（CM）*Cahiers pour une morale*, Gallimard 1983.（『倫理学ノート』）

（CRD I, II）*Critique de la raison dialectique*, tome 1, 2, Gallimard 1960, 1985.（『弁証法的理性批判』）

（EH）*L'existentialisme est un humanisme* (1946), Gallimard 1996.（『実存主義はヒューマニズムである』）

（EN）*L'être et le néant*, Gallimard 1943.（『存在と無』）

（IE）*L'imaginaire* (1940), Gallimard 1986.（『想像的なもの』）

（IN）*L'imagination* (1936), PUF 1989.（『想像力』）

（QJ）*Réflexions sur la question juive* (1946), Gallimard 1985.（『ユダヤ人問題』）

（QL）*Qu'est-ce que la littérature ?* (1948), Gallimard 1985.（『文学とはなにか?』）

（QM）*Questions de méthode* (1960), Gallimard 1986.（『方法の問題』）

（R I, II, III, IV）*Sartre / Beauvoir Œuvres Romanesques*, tome 1, 2, 3, 4, Gallimard et Club de l'Honnête Homme 1979.（『サルトル／ボーヴォワール小説作品集』）

（S I, II, III）*Situations*, I (1947), II (1948), III (1949), Gallimard 2010, 2012, 2013.（『シチュアシオン』）

（SG）*Saint Genet. Comédien et martyr* (1952), Gallimard 2011.（『聖ジュネ』）
（SP）*Situations philosophiques*, Gallimard 1990.（『シチュアシオン 哲学論文撰』）
（TE）*La transcendance de l'ego* (1937), Vrin 1978.（『自我の超越性』）
（VE）*Vérité et existence*, Gallimard 1989.（『真理と実存』）

＊なお、引用文中の《 》は原著者のカッコ、「 」は引用者が付したカッコである。また、強調は多く原著者のそれにしたがうが、例外もある。

はじめに――サルトルという夢

一九四〇年六月十五日、ゴメスはスペイン内戦に敗れ、ニューヨークで職を探していた。妻のサラは子どもを連れて、なおフランス国内に留まっている。ゴメスの憂悶はふかい。

ゴメスは『自由への道』の登場人物のひとり、スペインからの移民としてパリで暮らし、主人公のマチウたちと行き交いもあった売れない画家である。前日にはドイツ軍がパリに無血入城していた。ゴメスの顔色が冴えないのを気づかって、友人が尋ねる。「パリのせいか?」


「パリなんかどうでもいい」と、ゴメスは吐きすてた。

「戦闘もなく陥落してよかったんじゃないか」

「フランス人は防衛することもできたはずだ」と、ゴメスは淡々とした声で答えた。

「まさか!　まったく平地にある街だぞ」〔R IV,20〕

ゴメスは、もう一度ことばを重ねる。「防衛できたはずなんだ」(Ils pouvaient le défendre)。スペインで戦い、敗走した画家は付けくわえた。「マドリッドは二年半も持ちこたえた……」。内戦で見てしまったものはなんだったのだろうか。作品はとくに伝えていない。ただゴメスが絵筆を絶ったことを語っているだけである。

＊

一九四四年八月二十五日、パリは解放された。ドイツ占領下でもたしかにいくつかの抵抗運動が存在し、八月に入ってパリでは十五日からゼネストの動きがあって、十九日早朝にはパリ市内のレジスタンスが蜂起している。四五年の四月三十日、ヒトラーがベルリンで自殺、八月十五日に最後の枢軸国が降伏した。終戦は、しかしフランスに解放感のみをもたらしたわけではない。ナチスとヴィシー政権下で忍従を強いられた過去は、むしろ失敗を積みかさねた抵抗運動の記憶も含めて、再建に向かおうとする共和国の底部によどみ、蟠《わだかま》っていた。

サルトルにとっても同様である。哲学者もまた召集されて兵士となり、しかし「手違いによる応召者」を偽装することで捕虜収容所から脱出する。そののちパリで、少数の友人たちと無謀なレジスタンス運動を組織し、失敗していた。一九四三年、なお大戦のさなかに出版された著書のなかでも、この哲学者は書いている。「もし私が或る戦争に動員されるならば、その戦争は私の戦争である。この戦争は私のすがたに似ており、私はその戦争にあたいする」。要するに、「戦争は私の戦争である」(elle est *mienne*)。戦争においては「罪なき犠牲者は存在しない」。それぱかりではない。「ひとはみずからに相応した戦争を手にする」〔EN, 639-641〕。前世紀前半を代表する哲学書のひとつ、『存在と無』の末尾にちかい一節である。

戦争が終われば、それでもひとびとは解放感に酔うこともできる。なぜだろうか？「たいていのばあい私たちは不安を逃れ、自己欺瞞のうちにある」〔*ibid.*, 642〕からだ。不安と自己欺瞞とはこの著作の分析するところであったが、この件はいま措いておく。それでもサルトルは、第二次大戦が終結したのちに開かれた世界を引きうけた。私たちの哲学者は、時代の欺罔を欺罔として知っていながら、戦争後の世界へと向けて発言を開始する。哲学者は自由の夢を語り、その夢はやがてひとびとの夢となった。哲学者のすべて、発言と行動のいっさいが、その私生活とりわけシモーヌ・ド・ボーヴォワールとの神話的な関係も含めて、時代の夢となったのである。

一九四五年十月、クラブ・マントナン

一九四五年十月二十九日は月曜日である。講演会場となったクラブ・マントナンは聴衆で溢れた。ボリス・ヴィアン『うたかたの日々』がフィクションをも交えて伝えるところでは、会場に向かう通りのはじまるあたりから「群衆は押しあい圧しあいして」クラブに殺到し、会場内では椅子が壊れて、女性たちは失神し、チケット売り場の窓口すら吹きとばされる。

　講演はもともと「実存主義はヒューマニズムか？」と題されていた。翌年になって書籍として出版されたさいに『実存主義はヒューマニズムである』という書名が付される。いずれにしても標題は、とりあえずふたつの意味でスキャンダラスなものだった。

　ひとつは「実存主義」ということばそのものである。そのころ、戦後《アプレ・ゲール》世代を代表するものと目されていた若者たち、パリのセーヌ左岸、サン・ジェルマン・デ・プレあたりに屯《たむろ》して、その

振りまく頽廃的雰囲気と無軌道なふるまいによって〝良識ある〟大人たちの眉を顰《ひそ》めさせていた若い男女が「実存主義者」と呼ばれていた。サルトルも、サン・ジェルマン・デ・プレのホテルを寓居として、ボーヴォワールと同棲している。哲学者とそのパートナーも、当時なお一般的であったものの見かたからすれば、顰蹙を招きかねない存在であった。だが哲学者自身はみずからの思考が実存の哲学であっても「実存主義」ではない、ともかねて公言していたのである。

いまひとつは「ヒューマニズム」という宣言にある。そのころ知られるようになったサルトルの主著『存在と無』の思考はヒューマニズムとほど遠いものと考えられていた。じっさい哲学者は一書を「結論」へとみちびく直前の部分で「人間はひとつの無益な受難である」(l'homme est une passion inutile)〔EN, 708〕とも断言している。とはいえ、サン・ジェルマン・デ・プレのカフェからカフェへ渡りあるき、日も暮れるとバーからバーへと飲みあるく若者たちの行状と、哲学者そのひとの思考とのあいだに必然的な繋がりはみとめられない。時代の風潮であった頽廃とサルトルの説く不条理を結びあわせる、本質的なきずなは存在しなかったように思われる。

それにもかかわらず、実存の哲学者はあえて「実存主義はヒューマニズムか?」と問い、「実存主義はヒューマニズムである」と答えた。講演のおこなわれた場所はクラブ・マントナン、maintenantとは「いま」であって、あるいは《現在》という意味をもつ。私たちの哲学者はそのとき、めぐってきた季節に、その若さに賭けたのだ。時代と若者たちの側に立ちつづけること、それが一九四五年いらい六八年のパリの五月にいたるまで、ジャン=ポールの変わらない姿勢となるだろう。

講演はきわめて図式的で、それゆえまた分かりやすい議論を展開していた。講演中でとりわけ有名になったのは「実存は本質に先だつ」(l'existence précède l'essence)〔EH, 26〕とする断言である。断定はサルトルの主張の要約となって、また結論となった。宣言へといたる主要な理路だけをごく手みじかに確認しておく。

実存は本質に先だち、各人の選択は人類の選択となる

世界のうちのいっさいは神の被造物であり、神があらゆるものの創造主であると考えてみる。その場合は、神をもって「ひとりの優れた職人」〔*ibid.*, 27〕と見なすこともできるだろう。神はそのさい、じぶんの創るものがなんなのかを明確に知っていなければならない。たとえば人間を造る場面であるならば、人間とはなんであるかを、すなわち人間存在の本質を精確な仕方で知悉していなければならないはずである。そのとき「かくして個々の人間は、神の知性中に存在する一定の概念」、すなわち人間の概念を「実現することになる」。かくしてまたたとえばペーパーナイフとおなじように、人間についても「本質が実存に先だつ」ことになるだろう〔28〕。

とはいえ神はすでに死んでいる。あるいはそもそも神が存在しない。人間の本質をあらかじめ定義するものは存在しない。だから、人間存在にあっては実存が本質に先だつ。人間はまず存在し、つぎに行為して、そのことでみずからを作りあげる。人間はみずからのありかたを選択し、みずからを未来へ向けて投企する。これが、人間が現実に存在すること、つまり実存することの意味であって、実存が本質に先行することの意義である。以上が、サルトルによれば、「実存主義の第一原理」にほかならない〔30〕。

戦中の作品『存在と無』も、手つかずの未来、「純潔」な未来について語っていた〔EN, 105〕。戦後の講演はポンジュの詩句を引いて、「人間とは人間の未来である」（L'homme est l'avenir de l'homme）と説く〔EH, 40〕。未来とは、しかも、単独者の将来ではない。全人類の未来なのだ。繰りかえし引用された一節を引く。

> とはいえ、真に実存が本質に先だつのであるならば、人間はみずからがそれであるものに対して責任がある。それゆえに実存主義の最初の一歩は、各人にみずからそれであるものを把握させ、じぶんの実存にかんして全責任をその者に負わせることである。人間がみずからについて責任をもつと語る場合、それによって私たちが意味しているところは、人間がその厳密に個人的なありかたにかんして責任を有するということではなく、全人類に対して責任をもつということである。〔中略〕人間はみずからを選択すると語るときに私たちが意味しているのは、各人がおのおのじぶん自身を選択するということであるけれども、しかしまた各人はみずからを選択することによって、全人類を選択するのである。〔*ibid.*, 31〕

人間の本質をあらかじめ捉える神は存在しない。それゆえに人間には「みずからがそれであるもの」について責任がある。それればかりではない。人間はじぶんに責任を負うことによって同時に「全人類に対して責任をもつ」（responsable de tous les hommes）。単独者はむしろ、自己の選択において「全人類を選択する」のだ。

人間が選択し行為するとは、みずからを拘束《ス・アンガジェ》することであり、そのことで人類のすべてを繋ぎとめることである。選択することにおいて私はみずからを抵当に入れて《アンガジェ》、人類に対する約束《アンガジュマン》に関与する。行為するとは、ただちに歴史に参加《アンガジュマン》することにほかならない。――ジャン＝ポールのことばはたしかに、時代と若者たちに向けられている。あるいは時代の若さに対して訴えようとするものだった。

みずからを生贄に捧げるサルトル

サルトルそのひとの希望は小説を書きつづけ、作家となることであり、ボードレールのように隠れて生きる天才に憧れていたとも言われる。哲学者は、だからじぶんの講演の反響にたじろいだが、やがてみずからの置かれた立場を引きうけることになる。冒頭に引いた『自由への道』はサルトルにとって最後の長篇小説となり、しかも未完の作品となった。時代はサルトルに隠棲を許さず、おりあるごとに時代を代表する知識人として発言することを求める。「それ以後、サルトルはかりそめのものに絶対的なものを託して、現在に、じぶんの生きる時代に閉じこもり、時代とともに完全に滅びることを受けいれる」（『女ざかり』）。ボーヴォワールがそうしるしたとき、この賢者にはいっさいのものが、過去も現在も、未来すらも見えていたことだろう。アニエス・ポワリエが哀惜して書きしるしているように、サルトルは、時代とその若さのためにみずからを「生贄に捧げた」のである。

サルトルはじぶんを生贄にした。文学者としてのサルトルは、代表作『自由への道』に結末を与えず、開かれたままに放置する。サルトルは、哲学者としてのみずからをもある意味では犠牲に捧げてしまう。

『存在と無』を読みなおす――本書の課題

『存在と無』で展開された若きサルトルの思考は極限の思想のひとつを拓くものだった。哲学的な野心に満ちたこの大著は、存在と非存在、一と多、また同と他、超越と内在、存在と意識、時間と空間、世界と人間、さらには人間と神、存在と認識、真理と誤謬、身体と他者、生と性、行為と自由、それらすべて永遠の問いといってよい問題を問いかえそうとするものだった。その錯誤と誤謬とを含め、およそ思考することの限界、思想の極限を示しうるものだったのである。その著作はつまり、哲学的・哲学史的に巨大な問題と格闘しようとしたものであったけれども、その思考を継続する途もサルトル自身のなかで閉ざされてゆく。

本書で以下たどってゆきたいのは、ことのこの消息にほかならない。なによりもまず『存在と無』という一書をあらためて読みなおしてみること、サルトルの名とともに不当な忘却の淵へといったんは置きざりにされたこの古典、哲学者自身すら過ぎ去ったあやまりとして封印しようとした前世紀前半を代表する哲学書のひとつを、一箇の思考の極限として読みかえしてみること、これが本書における私たちの課題となるだろう。

序章　無への問いかけ

I　パルメニデス

書名からはじめよう。標題がすでに語りはじめ、問いかけを開始している。私たちはまずこの件から考えておく必要がある。

存在は存在する。存在と無とはことなる。それゆえ、無は存在しない。それでは、無（néant）について考えることは可能だろうか？　およそ問うことが考えることの始まりであるとするならば、無にかんして問いかけることはそもそも可能なのだろうか？

すでにふれておいたように、サルトルの『存在と無』は二十世紀前半の哲学界を代表する著作のひとつである。存在と無を「と」（et）によってむすび合わせるこの題名のうちで、あらかじめひとつの問題のありかが告げられていた。反復されている問いのかたちは、哲学の始原とともに古いものといってよい。このことに、あらためて注意しておかなければならない。

一方で、サルトルのじしん与えた題名が、前世紀最大の哲学書のひとつ、『存在と時間』を意識していることはまちがいない。ハイデガーは「存在」と「時間」とを並置することで、「いっさいの存在了解一般を可能にする地平として時間を解釈する」という「当面の目標」を、書名のうちで明示してみせた。[1]「現象学的存在論の試み」という副題を付したサルトルの一書が、「存在論は現象学としてのみ可能である」[2]と主張するハイデガーの大著を意識していないはずはない。けれどもそれは、問題とされるべき消息の一面にすぎないように思われる。

ことがらにはここでもう一面がある。『存在と無』という書名が想起を求めているのは、他方でしかしハイデガーを遥かにさかのぼり、パルメニデスそのひとの主張なのである。ことの始まりに立ちかえってすこし考えておく必要がある。

パルメニデスからゴルギアスへ

あらためてパルメニデス断片からはじめてみよう。断片六をディールス／クランツのドイツ語訳にもとづいて引用してみる。[3]

> 存在するもののみが存在すると語り、また考えなければならない。なぜなら、存在が存在し、無はこれに対して存在しないからである。

存在するものだけが存在する。いいかえれば、存在するのは存在するもののみである（*nur das Seiende ist*）。強調が付された「のみ《ヌール》」はギリシア語原文に対応する語が存在せず、編者が補足した一語であることは注意しておくべきだろう。ともあれひとはこう語り、またそう考えなければならない。つまり存在しないものについて語ることはできず、無をめぐっては考えることもできない。

どうして無について語ることはもちろん、考えることも許されないのだろうか？　なぜなら、とパルメニデス断片は理由を示す。存在は存在し、無はこれに対して存在しないからである（denn Sein ist, ein Nichts dagegen ist nicht）。——「ある」（ἔστιν）のであって、「ない」ということはありえない。すべてはパルメニデスのこの宣言から開始された。

サルトルも「存在」と「無」とを対置し、無をめぐる思考の可能性をあらためて問うている。だが『存在と無』が、まずはヘーゲルに対する批判を経由して、パルメニデスの提題を——とはいえ、さしあたりはパルメニデスの名を挙げることなく——ふたたび確認しているしだいに注意しておく必要がある。その件に立ちいってゆくまえに、すこしだけ回り道を介しておこう。

無はなぜ存在しないのだろうか？　無を「存在しないもの」と考えるならば、無が存在しないとは「存在しないものは存在しない」しだいとなって、問題は要するに同義反復に帰着するかに思える。高名なソフィストのひとりゴルギアスがトートロジーとも見えるものを切りわけて、無が存在しないことを（おそらくは弁論術の一例として戯れに）証明してみせていた。その証明はじっさい主要にはしかし、無を考えてはならないことの理由を与えるものとなっている。

ヘーゲルの哲学史講義がその議論に興味を示していた。原文は古代懐疑論文献であるが、ここではあえてヘーゲルの講義録で採られた引用から、ドイツ語訳に依拠して引いておく。[4]

> 存在しないものは存在しない。存在しないものに存在が帰属することになるなら、それは同時に存在するものであり、かつ存在しないものとなってしまう。それが存在しないものと考えられるかぎりでは、存在しないものは存在しない。他方で、それが思考されている以上

は存在しているはずであるというならば、存在しないものは存在し、かつ存在しないものとなるはずである。――べつの仕方で考えてみる。非存在が存在するなら、存在は存在しないことになる。両者は対立するものであるからだ。そこで、非存在に存在が帰属し、存在にはしかし非存在が帰属するならば、〔存在するとされた〕非存在には〔存在には逆に非存在が帰属するいじょう〕存在しないものが帰属することになってしまうだろう。

ヘーゲルを経由してサルトルへ

存在するものと存在しないものとは対立している。存在しないものが、あるいは非存在が存在する、つまり無が存在するならば、逆に存在するもの、すなわち存在が存在しないことになる。要するに「非存在が存在するならば、存在は存在しない」(Wenn das Nichtsein ist, so ist nicht das Sein) ことになるだろう。これは矛盾である。

いま、存在しないもの、無について考えてみることとしよう。存在しないものは存在しない、すなわち無であり、無は存在しないとしても、存在しないものもそれが考えられているかぎりでは、考えられているものとして存在している。かりにそう言うとするならば、「存在しないものは存在し、かつ存在しないものである」と語ることになる。これは自己撞着にほかならない。それゆえ、矛盾を犯してはならないとすれば無が存在すると語ってはならず、撞着が回避されるべきであるならば存在しないものについて思考してはならない。

ゴルギアスは無が存在しないことを論証してみせたばかりではない。ゴルギアスが証明しようとしたのは存在もまた存在しないことである。それゆえ、ある意味ではプロタゴラスをも超えた最大のソフィストの主張するところは「なにものも存在しない」ということだった。ヘーゲルによれば、ゴルギアスは「存在がそれ自体としては存在しないこと」(Nichtansichsein des Seins)、つまり純粋な存在とは無であるしだいを証示してみせたのだ。[5]

ヘーゲルの論理学も存在、純粋にあること、なんの規定もたずに存在することから開始されて、存在は無であることを説いていた。ヘーゲルの所論にしたがうなら、ただそれだけで純粋に捉えられるとき存在とはむしろ無であり、かくて存在と無はひとしい。

ヘーゲルのテクストから確認しておく。いわゆる『大論理学』から引用する。[6]

> 存在、純粋に存在すること——これにはそれ以上の規定がまったく含まれていない。その無規定的な直接性において、存在は自己自身とひとしいだけであり、だからまだ他のものに対してひとしくないということもなく、自己の内部でも自己の外部に向かっても、いかなる差異も有していない。なんらかの規定あるいは内容があれば、それが存在のうちで区別されており、または存在は、それによって他のものから区別されたものとして定立されることになるから、そのばあい存在はもはや純粋なありかたのままに保持されることがないだろう。存在とは純粋な無規定性であり、空虚なのである。

ただ存在している、というのなら、そこにはなんの内容も規定も含まれていない。純粋な存在とは徹底して無規定的なありかたであり、またなんの差異もはらまないありようである。だから「存在、この無規定的で直接的なものは、じっさいには無であって、無以上のものでも無以下のものでもない」[7]。

『エンチクロペディ』からも引証しておく。「純粋な存在が端緒となる」。それは「無規定的で直接的なもの」であるからだ。いわゆる『小論理学』の一節である。次節〔第八十七節〕から引用してみる。「この純粋存在はところで純粋な抽象であって、かくしてまた絶対的に否定的なものであり、おなじように直接的に捉えられるなら無なのである」[8]。

ヘーゲルに対する批判の核心を、サルトルは端的な仕方で手みじかに述べている。「ひとことで言えば、ヘーゲルに抗してここで想いおこしておく必要があるのは、存在は存在し、無は存在しないということである」〔EN, 51〕。私たちの哲学者がここでさりげなく書きとめている一節に、決定的な鍵のひとつが隠されているように思われる。もうすこし考えておきたい。

サルトルのヘーゲル批判——存在は無と同時的ではなく、無に先行する

存在が存在して、無は存在しない（que l'être *est* et que le néant *n'est pas*）。パルメニデスの場合はこうであった。「存在するもののみが存在すると語り、考えなければならない。なぜなら、存在が存在し、無は存在しないからである」。サルトルはここでパルメニデスに完全な同意を与えている。

存在と非存在との関係を考えるとき、そこには基本的に、およそ三とおりの思考の類型があり

うるように思われる。ひとつは存在と非存在を同列的・同時的に考えるものであり、もうひとつは両者のあいだに（論理的なそれであれ時間的なものであれ）先後関係を設定する類型である。後者では、非存在を先行させる発想と存在を先だたせる構想とが分かれることだろう。

無は無であり、無からはなにも生まれない（*ex nihilo nihil fit*）、ものとしよう。キリスト教の信仰箇条がこの原則に対立している。神は存在する世界を無から創造したと考えられているからだ。そのばあい世界についていえば、存在に対し非存在が先行している。なにもないところから現にある世界が成立したことになるからである。これが（いま、世界を創造する神が「存在そのもの」（*esse ipsum*）と考えられることをべつにすれば）存在に対して非存在を、つまり無を先行させる発想のひとつの原型となる。

これに対して、存在と非存在とを同時的・同列的に思考しようとする構想をとり上げてみる。世界のありかたを、べつの仕方で考えてみよう。現に存在する世界のなかではすべてが生成し、またいっさいはやがて消滅する。存在するあらゆるもののうちに非存在への移行が、つまり無がはらまれている。現にあるものはかつてないものであったし、いまあるものがやがてないものとなる。ヘーゲルふうにいえば、かくて「天にも地にも、存在と無の両者をじぶんのうちに含んでいないものはどこにもない」。サルトルもまた引用しているとおりである〔EN, 49〕。

世界には光があり、闇がある。とはいえまったき光は存在せず、完全な闇もまた存在しない。あらゆるところに光が射し、すべての場所から明かりが漏れて、またいっさいはなにほどか影を宿して、闇をはらんでいる。その意味では光と闇とは「相互に補足しあうもの」である。

「存在」と「非存在」はそうではない〔*ibid*, 47〕。無は存在を補足する構成要素ではない。非存在は存在の「反対概念」でもない。非存在とはむしろ存在の「矛盾概念」なのであって、これは無が存在より論理的に「よりあと」である事情（postériorité）を含意している〔50〕。存在が無に先行する。無あるいは非存在、もしくは一般的に否定的なものは存在のあとに到来する。こうして、とサルトルは主張する。

こうして、スピノザの定式を逆転させて、「あらゆる否定は規定である」と語ることもできよう。その意味するところは「存在とは無に先行して、無を根拠づけるものである」ということである。この件によって理解されなければならないのは、ただ「存在は無に対して論理的に優位を占めている」ということばかりではない。「まさに存在から無はみずからの実効性を具体的に引きだしてくる」ということなのである。〔51 f.〕

無が存在に先行することはない。非存在と存在とは同格的ではない。存在が無に先行し、無を根拠づける（l'être est antérieur au néant et le fonde）。それでは、存在とはなにか？

「存在」とはなにか？——(1) 現われが存在そのものである

存在を考えるためには無を考える必要はない。存在はその存在のために非存在をすこしも必要としていない。無を考えるさいには、同時に存在について考えている必要がある。非存在はその肯定的な性格、つまりあたかも存在するかのような見かけを存在そのものから借りうける。——たしかに無が存在に「付きまとっている」。とはいえ「非存在があるのは存在の表面においてだけである」(*il n'y a de non-être qu'à la surface de l'être*)〔EN, 52〕。非存在は存在ではない。無は存在しない。無があり、非存在が存在するとすれば、それは存在ではないものとして、存在するものの否定としてであるにすぎない。それではしかし、そもそもあるとはなにか? 存在とは元来なにを意味しているのか?

本節を開始するに当たって、すでに一度ふれておいたように『存在と無』の副題は「現象学的存在論の試み」というものである。一書の主題は「存在論」であり、その方法は「現象学」なのであった。そのかぎりでは、「存在とはなにか?」という問いは『存在と無』という作品の全体にわたって問われている問題であり、それはまた現象学という視界から捉えられた問いである、ということもできる。——この「序章」ではまず同書の「緒論」中の所論のみを垣間みておくことにしたい。サルトル自身がみずからの現象学的立場を予備的に開示し、「存在」をめぐって暫定的な規定を与えている導入的な展開である。

現われ《アパラーンス》はあらわれる。現出《エアシャイヌング》が現出する。そのとき、現出の背後、現われのうしろにはなにもない。たとえばいま右手には書棚があり、何冊もの本の背中が見えている。私に対してあらわれている本の背表紙は表紙や裏表紙、また奥行きを隠しているのではない。背表紙は背表紙としてあらわれることで書物そのもの、その嵩と重みをあらわにして、その奥行きそのものをあらわしている。つまり書籍が書籍であることがあらわれている。「外面」なるものが本性を隠す「表皮」

であるなら、外面など存在しない〔*ibid.*, 11〕。おなじように、隠された内面もまた存在しない。「現われは本質を隠しているのではなく、それを顕示している。すなわち、現われこそが本質である」(L'apparence ne cache pas l'essence, elle la révèle : elle *est* l'essence)〔12〕。

いま左手にはちいさなテーブルがあり、テーブルのうえにはカップがある。カップが現にある《レアリテ》とはカップが「そこに存在する」ということであり、カップは「私ではない」ということだ〔13〕。カップは現出する。カップという現われは、その本質を背後に隠すものではない。そうであるとしても、この「あらわれること」をめぐってなお「一箇の正当な問題」がある〔14〕。――本質は現象する。現象する存在は背後を持たない。それでも「現象の存在」そのものは、存在が現象を超えでていること、「存在の超現象性」を要求しているからだ〔16〕。

この場合、しかも「現象の存在」は(たとえばバークリがそう語っていたように)「知覚されていること」ではありえない。意識そのものは現象を超えたものであるとしても、意識の超現象性は「現象の超現象的な存在」を基礎づけることができない〔27〕。

「存在」とはなにか?――(2) 存在とは志向する意識の外部である

カップがそこに存在する。そこにとは私のまえにということであり、私のまえにカップがあるとはカップは私ではないということである。あるいは、私はカップではなく、カップに向かい、その存在を捉えているということだ。――問題をもういちど立てなおしておく必要がある。ことがらを問いなおす手がかりは意識の志向性、とりわけサルトルに独特なその解釈にある。簡単に確認しておきたい。

フッサールによれば、意識の体験はすべて志向的な構造をともなっている。志向性とは「体験領圏にとって本質的に固有なありかた」である。「私たちが志向性のもとで理解しているものは《なにものかについての意識（Bewußtsein von etwas）である》という、体験に固有なありかたなのである」。――若きサルトルがフッサールとその現象学を受容するさいに、レヴィナスの著書が手引きともなったことはよく知られている。志向性とは「真の超越の作用であって、あらゆる超越の原型ですらある」。サルトルはレヴィナスの一書のうちでこの一節をとりわけ印象ぶかく読んだことだろう[10]。

サルトルの解釈は、とはいえさらにもう一歩ふみ出すものだった。サルトルが現象学を論じた最初の論稿「フッサール現象学の根本的理念」（一九三九年）に、ここで立ちかえっておく。

意識するとは「〜に向かってみずからを炸裂させること」である。たとえばいまあなたが一本の樹木をひび割れた大地の涯てに見ているとする。そこに樹木が見えている以上、あなたは意識という生暖かいお腹のなかに樹木を収めるわけにはいかない。あなたは樹木のもとに、とはいえ樹木の外側にいる。ここで外側にというのは、樹木があなたのうちへと溶解することがないように、あなたが樹木のなかに溶けこむこともできないからだ。あなたは樹木のもとで「世界のうちに意識としてじぶんを炸裂させて」いるのである。――意識に「内部」は存在しない。意識とは「それ自身の外部」である。だから「もしあなたが意識の《内部に》向かったとすれば、あなたは渦にまかれて外部へ、樹木のもとへ、砂埃のただなかへ投げだされることだろう」。フッサールとともに語るとすれば、こうして「いっさいの意識はなにものかについての意識である」〔Toute conscience est conscience *de* quelque chose〕。あるいは「意識とは、意識自体とはべつなものについての意識として存在するものである」。サルトルの見るところでは「この必然性をフッサールは《志向性》と名づけているのである」〔S I, 37-41 ; SP, 9-12〕。

意識に内部は存在しない。意識の内側は端的に無である。意識とは志向性であるかぎり、意識はみずからとはべつのものについての意識であって、このべつの或るものこそが存在する。存在とは、意識がそれを目ざし、そこへと炸裂してゆくもの、それ自体としてそこにあるものである。存在は志向する意識の外部にある。存在とは、だから即自（en soi）にほかならない。

「存在」とはなにか？——(3) 存在とは即自（自体）である

ふたたび『存在と無』にもどろう。やはり「緒論」から引用する。

いっさいの意識は、フッサールが示したとおり、なにものかについての意識である。この件が意味するところは、超越的な対象の定立ではないような意識は存在しない、ということである。あるいは、そう言ったほうがよければ、意識はなんら《内容》をもたない、ということだ。〔中略〕ひとつのテーブルは、たとえ表象という資格においてさえ意識のなかにあるわけではない。テーブルは空間のうちにあり、窓のかたわら等々にある。テーブルの存在はじっさい、意識にとって不透明性の中心なのである。〔EN, 17 f.〕

テーブルはそこに、つまりたとえば窓のかたわらに見える。このことについては、どのような哲学者も否定したことがない。しかし、そればかりではない。テーブルはただそこに見えているのではなく、そこにある。つまり窓のかたわらに存在しているのである。テーブルの存在はたんに意識に対してあるだけではない。テーブルはそれ自体として存在している。——テーブルは、だから意識の「内容」ではありえない。テーブルの存在は自体的なものであり、だからまたテーブルは、あるいは一般に対象は「意識にとって不透明性の中心」なのである。

意識はつねになにものか「についての意識」である。意識が「なにものか」についての意識であるいじょう「意識は、意識ではないひとつの存在へと向けられて」いる。意識は自身としてはなにものでもなく、つまり一箇の無である。無がはらみ、なにものでもない意識が向かっている「なにものか」は自体的に存在している。これがすなわち、存在が存在することのいわば「存在論的証明」にほかならない〔*ibid.*, 28〕。——意識が意識ではない存在へと向けられているとは、意識自身はその存在を欠いており、しかもこの存在を欠いては意識がありえないということだ。意識はつまり不完全な存在であって、自体的ではありえない存在である。デカルトがそう説いていたとおり、「より完全なものがより完全でないものの帰結であり、それに依存する（le plus parfait soit une suite et une dépendance du moins parfait）とは、無からなにものかが生じてくるというのに劣らず自己撞着している」[11]。

かくて「デカルトの第二証明は厳密である。つまり、不完全な存在は完全な存在へと向かって自己を超出する」〔133〕。おなじように、意識がつねに「なにものか」についての意識である以上「意識にとって存在するものの超現象的な存在はそれじしん即自的に存在する」〔29〕。かくして「存在とは自体《ソワ》である」。「存在はそれ自体《アン・ソワ》において存在する」。存在とは即自《アン・ソワ》である〔33〕。

即自存在と対自存在——前途瞥見

意識は存在ではない。意識とはなんらかの存在についての意識であって、意識はむしろつねに「意識とはべつの一箇の存在を含んでいる」〔28〕。意識とはべつの存在があり、自体的なものとして、すなわち即自として存在している。存在とは即自であり、あるいはその存在論的な構造が即自存在なのであって、即自存在は「それがあるところのものであり、それがないところのものではないような存在」(l'être qui *est* ce qu'il *est* et qui *n'est pas* ce qu'il *n'est pas*)、要するに自己とひとしい存在である。——これに対してやがてサルトルは意識を「対自《プール・ソワ》」と呼び、あるいはときに「対自存在《エートル・プール・ソワ》」と称する。対自は存在へと向かう意識として、それじたい脱自的、つまりみずからの外部へと超出する存在、自己超越的な存在であって、すなわち「それがあるところのものではなく、それがないところのものであるような存在」(l'être qui *n'est pas* ce qu'il *est* et qui *est* ce qu'il *n'est pas*)、自己との差異と非同一性をうちにはらんだ存在のことである。

対自存在のこの「ない」が存在する世界のうちに否定を、あるいは「無」をもたらすはこびとなるだろう。この間の消息をめぐり、あらためてことの始まりから考えてゆく必要がある。

2　非存在の煌めき

一九三八年に、サルトルは長篇小説『嘔吐』を刊行していた。私たちの哲学者はまずこの作品の作者として、フランスの知識人の世界で知られるようになる。『存在と無』でも、ほんのついでのように「存在の現象」としての「倦怠、吐き気」についてふれられていた〔EN, 14〕。かつては物語の主人公の覚える nausée〔邦題名の「嘔吐」というよりは、「吐き気」のこと〕が、直接これに関連づけられることも多かったけれども、そのような捉えかたは今日では多くの研究者たちによって否定されている。以下でも垣間みておくように、小説と哲学書のあいだには時間の経過があり、論点の変容もあり、戦争体験の有無とハイデガー経験の深度の差異もあって、『嘔吐』と『存在と無』とをただちに結びあわせることはできない。とはいえ、哲学小説の傑作とも賞される作品にここですこしだけ立ちよっておくことにしよう。

一篇の主人公はアントワーヌ・ロカンタンという青年、三十歳のこの若者が同時に物語の語り手でもある。作品の舞台はブーヴィルという架空の町で、物語はロカンタンの日記という形式で綴られ、日記の日づけは一九三二年の一月から二月までとなっていた。まだ三十にしかならない青年はすでに三十万フランもの財産を手にしており、その金利収入で年金生活者なみに暮らしている。若者は他方でかつてはいわば一箇の冒険家であり、ヨーロッパ各国や北アフリカ、中近東から東南アジア、さらに日本にまでその足跡を残していた。ロカンタンがブーヴィルの町に流れついたのは三年まえのこと、作中の説明によれば、十八世紀のロルボン侯爵という人物について調査して、一書を著わすためである。青年には調べものもあって、しきりに町の図書館に出入りする。そこで「独学者」と呼ばれる人物と知りあっていた。

水切り、吐き気、マロニエの根

作中の主人公はとある土曜日、児童たちが水切りをしているのを見て、じぶんも海に石を投げいれようとした。ロカンタンはなぜか奇妙な感覚に囚われ、小石を取りおとしてしまうが、その感覚をうまく捉えることができない。日記を付けはじめるうちに青年はふと気づくことになる。「いま、私にはわかった。このあいだ海辺であの小石を手にしていたときに感じたことを、私はもっとよく思いだすことができる。それは一種の甘ったるいむかむかした気もちだった」。石片を取りおとしたのはおそらくは或る種の違和感からだろう。掴みがたい、ふとした異和の感覚が、甘ったるく、むかむかさせる奇妙な感触として想起される。「そう、それだ。まさにそれだ。手のなかの一種の吐き気だったのだ」（Oui, c'est cela, c'est bien cela : une sorte de nausée dans les mains）〔R I, 28〕。

物語のあらすじを追うことにここではあまり意味がないだろう。ともあれあるとき「独学者」が主人公に向かって、こう口にしたことがある。「結局あなたも私とおなじことで、人間を愛しているのでしょう」。そのときロカンタンは、執拗な発作、吐き気の発作に襲われる。「つまりこれだったのか、吐き気というやつはこの明々白々な事実のことだったのか」。主人公には、いまようやくわかった。「私は存在している――世界は存在している――そして私は世界が存在していることを知っている」。水切りをしようとして小石を取りおとしてしまったとき、振りかえれば「私は小石が存在していると感じたのだ」（*J'ai senti qu'il existait*）〔*ibid*, 164〕。

主人公は或るものに手をついて、急いでじぶんの手を引っこめる。存在するものにはなまえがある。それは「座席」と呼ばれるものだ。ロカンタンは、「これは座席だ」と呟いてみる。しかし、ことばは唇に貼りついたまま「もののうえに置かれるのを拒んでいる」。ものたちはただ「そこにある」。グロテスクで頑固で、巨大なものがそこに、またいたるところにある〔167 f.〕。

やがて決定的な体験とその回顧があらわれた。サルトル最初の長篇小説『嘔吐』について論じられるときかならず引用される一節を、ここでもやはり引いておく。

　つまり私はさっき公園にいたのだ。マロニエの根が、ちょうど私のベンチのしたで大地に突きささっていた。それが根であることすら私はもう気づかないようになっていた。ことばは消えうせており、ことばとともにものの意味も使いかたも、人間がそれらの表面にしるした微かな符丁も消えさっていた。私はすこし背中をまるめ、あたまを低くして座り、たったひとりで、どす黒く節くれだった、まったく野生そのままのかたまりに向かいあっていた。そのかたまりは私に恐怖を与えた。そのとき私は、あの閃きを得たのである。〔169 f.〕

吐き気は去らない。吐き気は、病気でも発作でもない。吐き気とは「存在すること」の意味である。「それは私なのだ」。存在するとは、たんにそこにあるということである。なまえもなく、意味さえ欠いて、ふてぶてしく断乎としてそこにありつづけることなのである。「どす黒く節くれだった、まったく野生そのままのかたまり」（cette masse noire et noueuse, entièrement brute）はもはやマロニエの根ですらもなく、ただ不気味にそこにありつづける。

『存在と無』も「即自存在」とは「余計なもの」である、と漏らしていた。意識が即自存在を導きだすことはできない。意識は、いかなるものからも即自を導出することができない。存在は「創造されず、存在理由をもたず、べつの存在とのいかなる関係も有していない」。即自存在とは「永遠に余計なもの」（de trop pour l'éternité）なのである〔EN, 34〕。

『存在と時間』における「存在への問い」の可能性

私たちの哲学者のなかで『嘔吐』から『存在と無』へと引きつがれているものがある。他方では、ジャン＝ポールの思考の展開のうちで捨てさられてしまったモチーフがあり、思考の深化に合わせて変化していった基本的な感覚もある。伝記的な研究によれば、一九四〇年、捕虜収容所でサルトルは、友人となった神父たちとともにハイデガー『存在と時間』を集中的に読みこんでいた。この件がサルトルの思考の分化と転回をもたらしたことだろう。小説のなかでは、それは私なのだ（C'est moi）というほんの数語でむすばれていた、世界と私、存在と意識が、前節末尾で瞥見しておいたように、哲学書中では即自と対自というかたちで明確な対立のうちに置かれるはこびともなるだろう。

『存在と時間』はその第一節で「存在への問い」(Seinsfrage)、存在の意味への問いを「反復」することの必然性を説き、つづく第二節で「問うこと」そのものの可能性を検討していた。後者についてごく簡単に確認しておこう。

問うとはなにかを問うことである。問いには、したがって問われているものが含まれ、問うとはそのものに問いあわせることである。それが問われて、それに問いあわされている当のものが問いもとめられているものにほかならない。――ここで、困難が生じる。問うとは問いもとめることであり、求めるとは探すことである。問われているものは、問われているかぎりで知られておらず、およそ知らないものをひとは探しもとめることもできない。

プラトン『メノン』篇以来の、いわゆる探究のアポリアである。人間は、じぶんが知っているものも知らないものも探究することができない。知っているものならば、探究する必要がない。まったく知らないものについては、なにを探究すればよいのかもわからない。たとえばハサミを探しているときに、ひとはハサミが「どこにあるのか」は知らないが、ハサミとは「どのようなものであるか」は知っており、ハサミがどこかにあることは知っている。知と不知の両者が探究をなりたたせる。完全な無知は探しもとめること自体を不可能とするはずである。

存在への問いについてはどうだろうか?　ひとが存在の意味を問うかぎり、ひとはすでに存在について漠然となにごとかを理解している。存在を問う者は、だからなんらかの「存在了解」のうちにある。存在への問いは、問われているもの、すなわち存在そのものに先だたれているのである。存在はその場合、存在するものを存在するものとし、存在者がそのつどそれにもとづいて理解されているものである。存在とはそのかぎりで存在者の存在（Sein des Seienden）のことにほかならず、かくて問いかけられているのは存在それ自体であり、問いかけているものはなんらかの存在者であることになるはずである。

存在への問いかけが問題である以上、そもそも問いかけることの可能な存在者が問いかえされなければならない。その存在者が有するさまざまな可能性のうちに、問うということがが含まれている存在者が問題なのである。「その存在者は、私たち自身がそのつどそれであるものであり、またとりわけて問うという存在可能性を有するものである」。存在への問いにあって格別な意味をもつこの存在者が「現存在《ダーザイン》」と名づけられる。要するに人間存在であり、サルトルの採用した訳語でいえば réalité humaine である。ハイデガーは、つづけて書いていた。「存在の意味への問いを明示的に見とおしよく設定するために、或る存在者（現存在）をその存在にかんして、先だって適切に解明しておくことが要求される」[12]。かくして主張されるのが、実存論的分析論からの着手《アンザッツ》、現存在をめぐる基礎存在論的分析から開始することの必然性にほかならない。

パルメニデスからレウキッポスへ

『存在と無』はハイデガーのこの議論を受けいれた。ただし、その受容には或る屈折がある。サルトルとしては『存在と時間』における探究の可能性への問いを反転させて利用しているからである。つまり『存在と無』においては、存在への問いの可能性が無への問いの可能性へと読みかえられてゆく。まず問いの背景からあらためて追認しておくことにしたい。

存在とは自体《ソワ》であり、「ほんのすこしの隔たりも含まない自己との密着」であって、「自己自身との粘着」である。これが「存在はそれ自体においてある」（*l'être est en soi*）ことの意味なのであった〔EN, 32 f.〕。

べつのかたちで語ってみよう。存在は自体《アン・ソワ》として、自己との「十全な一致にあって自己自身と合致」している。存在はそれがそれであるものである。だから「即自《アン・ソワ》の存在密度は無限である。それは充実したものなのである」。だからまた「存在のうちには最小の空虚もなく、無が滑りこむことのできるほんのちいさな裂け目も存在しない」〔*ibid.*, 116〕。

世界は、かくて充実している。充実している、すなわち充たされているとは、世界が存在者によって埋めつくされていることである。世界のうちには存在しか存在しない、非存在、無は存在せず、存在のみが存在する、とはつまりそのことである。世界はいたるところで存在者によって満たされている。世界とはこうして「密度であって、パルメニデス的な存在の一様な球的充実」（la densité, la plénitude uniforme et sphérique de l'être parménidien）である。幼児は指を口のなかに入れて、みずからの顔の穴を塞ごうとし、乳児もまた食べることで口腔を満たそうとする。世界とは存在の充実であり、世界は存在者のみによって満たされている。子どもですら、このことを知っているのだ〔705〕。

それにもかかわらず、ひとはつねに〜がないと訴え、〜ではないと口にし、つまり不在と無、非存在と否定について語っている。私たちの内部でも、じぶんたちの外部にも「非存在の不断の可能性」がひろがっている（la possibilité permanente du non-être, hors de nous et en nous）〔219〕。一方では「存在は存在しか生みだすことができない」。世界のうちに存在するのは存在者のみであり、存在者から帰結するものは存在者だけである。だが他方では、私たちがたえず目にすることになるのは「無が世界に光彩を与え、また事物を刻々と彩ってゆく」さまである〔60〕。世界とは、そのうちで存在のみが存在して、存在者だけがそれを充たしている場所であり、世界のうちに含まれ、世界を充実させている存在者から生まれるのは存在者にかぎられる。その世界のなかで、しかしいたるところに「一箇の存在の表面における無の煌めき」（chatoiement de néant à la surface d'un être）が見とどけられる〔268〕。それは、あたかも「レウキッポスの原子論における非存在がパルメニデス的な存在全体のうちに忍びこんできて、その全体をアトムへと爆砕する」ようなものなのである〔362〕。

デモクリトス、パルメニデス、ベルクソン

古代原子論をめぐって、アリストテレスの証言するところはこうである。『形而上学』第一巻第四章から引用する。

> レウキッポスとその友人デモクリトスは、充実したものと空虚なものがすべての構成要素であると主張し、前者をあるものと呼び、後者をあらぬものと呼んだ。すなわち、これらのうち充実して固いものはあるものであり、空虚なものはあらぬものであると呼び（だから、

「あらぬものはあるものにおとらずある」とも言われるが、それは空虚のあるは物体のあるにおとらずあるという意味である）、それらを、あるものたちの質料としての原因である、と主張している。

原子は充実したもの《ト・プレーレス》であり、充実したものは空虚《ト・ケノン》のうちに存在して、空虚のなかで運動する。古代原子論者たちは、こうして、あるもの《ト・オン》とあらぬもの《ト・メー・オン》とが同格的に存在すると考えた。原子は空虚のなかにあって、空虚のうちで動き、原子の位置と運動によってすべてが生成し、たとえば色や香りが、味が生まれるからである。デモクリトスの所説として知られているところだ。

前節で確認しておいたとおり、サルトルとしては存在《エートル》と無《ネアン》とが同位的で同時的であるとは考えていない。存在は存在し、非存在は存在しない。存在が先行して、無を根拠づける。存在のみが存在する以上、世界は存在するものに満ちており、世界は存在者によって充満している。世界とは一箇の充実《プレニチュド》であると捉える点で、サルトルはパルメニデスの徒であり、他方ではベルクソンの弟子でもある。——ひとが非存在、あらぬ、つまり無をみとめるとき、現にあるのは、客観的には「置換」であり、主観的には「選好」である。「空虚の表象もつねに、一箇の充実した表象である」（la représentation du vide est toujours une représentation pleine）。ある建造物がなくなっていまや瓦礫があり、また青空がひろがっている。空虚と見えるものも充実している。『創造的進化』が説いていたとおりである。[13]ベルクソンとちかしい思考の経路を辿りながら、サルトルの世界の感触では、それでも非存在は不断に可能であり、無が事物を彩って、存在の表面には無が煌めいている。

サルトルは、こうして、パルメニデスに従いながらもパルメニデスから逸脱し、ベルクソンとともに思考するかのように見えつつもベルクソンの思考から乖離してゆく。それは、サルトルがハイデガーに倣って問うことそのものを問いかえし、けれどもハイデガーの思考を反転させて、むしろ無を問うことの構造を問題とすることによってであった。

あらぬものについて問うことはできない。あらぬものはあらぬ、すなわち無は存在しないからである。問うことが考えることの始まりであるなら、あらぬものについて考える企て、無にかんして思考する試みもまた許されないことだろう。

しかし先に探究のアポリアについてふれたさいに確認しておいたように、問うことは探すことであり、探すことには非知が纏わりついているのではないだろうか？　つまり問うことには元来無がはらまれ、およそ人間が問う存在であり、そもそも問うことが可能であるなら、かくて無を問うこと、かくてまた非存在を思考することも可能でなければならないのではないか？

『存在と無』における「非存在への問い」の可能性

探究するとは問うことであり、問うことは問われているなにものかを前提している。問われているなにものかとは問いかけられているものであって、その問いかけられているものに対して、問う者は、なにごとかの開示を、すなわちなんらかの答えを期待している。「答えは「然り《ウィ》」か、「否《ノン》」かのどちらか」だろう。ただし、問う者はその答えが肯定的なものであるか、否定的なものとなるのかを知っていない。「かくして問いとは、ふたつの非存在、すなわち人間における知の非存在と、超越的存在のなかの非存在の可能性とのあいだに架けられたひとつの橋（un pont jeté entre deux non-êtres : non-être du savoir en l'homme, possibilité de non-être dans l'être transcendant）である」。問いかけに応えて与えられるものを真理と呼ぶならば、その真理はいつでも「このようであって、それ以外ではない」という形態をとり、つまりは「限定という非存在」をともなっている。かくて問うことにはそもそも三つの非存在がはらまれているのである。問いかけることそのものが無を含んでいる以上、無それ自体への問いがつねにすでに可能でなければならない〔EN, 39 f.〕。

ハイデガーにおける存在への問いの構造を、オセロの白黒のように反転させて、無への問いの可能性へと読みかえてゆく手ぎわに、しかし『存在と無』の独創はない。サルトルの思考を特徴づけ、『存在と時間』からの隔たりを生んでいるのはひとつには、概念的な把握を終えたあとに、具体的な場面へと降りたつ仕方であるかもしれない。

財布のなかに千三百フランしかないと思うのは、千五百フランはあったはずだと期待していたからである〔*ibid.*, 41〕。幻滅を呼んでいるのは「欲望」であり「後悔」にすぎない。ベルクソンがそう説いていたとおりである。[14] 嵐が襲いかかってくるまえとくらべて、嵐が傷痕を残して過ぎ去ったあとの世界でも、存在についてなんの「減少」も起こっていない。「べつのものがある」にすぎない。これもベルクソン的な思考として先ほど確認したばかりだ〔本書、三八頁〕。或るものからべつのものへの変化を語るためには、しかし「或る証人」を必要とする。もはやない過去をとどめて、現在と引きあわせる証人が必要である。嵐の前後に「ただ存在がある」だけではなく、そこに破壊があったと語るためには、嵐という時間のあとさきをつなぎ、しかも現在のただなかでもなんらかの存在を「破壊されうるもの」「脆いもの」として切りだすことのできる者、つまり人間が必要とされるのである。——哲学書の著者が、おそらく《奇妙な戦争》を体験しながら、戦場という日常のなかで採集した興味ぶかい事例を引いておこう。『存在と無』のいたるところに見てとられる、従軍経験の痕跡のひとつである。

なんらかの目標物を指定された砲手は、他のあらゆる方向を排除しながら、一定の方向へ向けてみずからの大砲の照準を合わせるように配意する。しかしこのことは、もしなんらかの存在が脆いものとして発見されていなかったならば、なんの意味も持たないだろう。かつまた脆さとは、一定の環境のなかで与えられた存在にとって、非存在のなんらかの可能性でないとしたら、いったいなんだと言うのだろうか？〔43〕

「不在のピエール」——あるいは、カフェで執筆し思索する哲学者

脆さとは、無の、非存在の可能性である。「存在は、みずからの存在のうちに非存在のたしかな可能性をはらんでいる場合に脆弱なものである」（Un être est fragile s'il porte en son être une possibilité définie de non-être）〔*ibid.*〕。存在は一般に、あるいは特定の存在者は総じて、みずからの内部に無をはらみ、非存在の可能性へさらされているかぎりで脆弱であり、壊れやすい。

――いま目のまえに花瓶があり、一輪の花が活けられている。花弁は儚く、花瓶も脆い。ここで「脆弱さが刻印されているのは、まさにこの花瓶の存在のうちにである」（*C'est bien dans l'être de cette potiche que s'est imprimée la fragilité*）〔44〕。

存在が存在し、無は存在しない。世界は存在者で充実している。だが世界はときに壊れやすく、存在者の存在はときとして脆くはかない。世界には無の霧がかかっており、非存在の靄が漂っている。サルトルが語っていたとおり、無は存在の表面にしか存在しない。しかし存在のおもてにはときおり無が煌めいている。

ここで否定判断をとり上げて、その判断を可能としている経験を考えてみよう。問題となるのは、サルトルの所論のなかでひろく知られた論点のひとつであり、引いておくのは『存在と無』の挙げる具体例のうちで繰りかえし言及されて、カフェで執筆し、思索する哲学者・サルトルを証言する記述のひとつともされている一節である。

ピエールと四時に会う約束となっていた。「私」は十五分だけ遅れてしまう。ピエールは時間に厳格だ。待っていてくれるだろうか？　私はカフェを見わたして、客のひとりひとりを確認してゆく。私は「ピエールはいない」と判断する。

ここで判断を支える直観を考えることができるだろうか？　一見したところでは「ないもの」（*rien*）についての直観など、それ自体ありえないようにも思える。ないものは見えないからだ。だが、そうだろうか？　――カフェにはテーブルと椅子があり、衝立があり、鏡があって、タバコの紫煙が漂い、店内には話し声が満ち、カップや皿のふれあう音や、店員や客のいきかう足音で充満している。カフェは一箇の「存在充実」である〔*ibid.*〕。もうすこし考えてみる。ほんとうなら、あるいは私が遅刻しなければ、ピエールはカフェにいるはずだった。カフェのなかのあらゆる存在者、そのかたちや色、音や匂いもまた、それ自体は〈地と図というときの〉地となり、それを背景にピエールのすがたがひとつの形態、一箇のゲシュタルトとしてあらわれるはずだったのである。ピエール以外の存在者を地として背景へ後退させることは、いわば最初の「無化」(néantisation)である。けれどもピエールがいない！ ピエールはカフェのどこにもいない。ピエールの不在は、こうして、カフェという存在充実を背景として直観される。非存在が存在を地として図化し、ピエールの無が知覚的に主題化されている〔44 f.〕。

「ピエールの不在」と二重の「無化」

周知の一節を引く。「無の閃き」(papillotement de néant) について具体的に語っているテクストのひとつである。

カフェは背景へと滑りおちる。カフェはその無化に従ってゆく。ただしカフェは、一定のゲシュタルトにとって背景となっている。カフェはこの一箇のゲシュタルトをいたるところでその前面に支え、いたるところでくだんのゲシュタルトを私に呈示している。そしてこのゲシュタルト、私の視線と、カフェに属する確乎として実在的な諸対象とのあいだに絶えず滑りこんでくるゲシュタルトとは、ほかでもなく不断の消失であり、カフェが無化された地

> のうえに無として浮かびあがってくるピエールである。かくして直観に提供されるのは、無のひとつの閃きなのである。〔45〕

否定判断「ピエールはそこにはいない」（Pierre n'est pas là）が世界に無を導きいれるのではない。ピエールの不在、その無が、カフェという存在充実を背景として知覚されて、その直観が「ピエールはそこにはいない」という判断を可能としている。そこでは、カフェ全体の背景への後退という第一の無化のうえに第二の無化（ピエールの不在の覚知）が生起し、当の二重の無化そのものが、それじしん直観的に把握される（la saisie intuitive d'une double néantisation）。ピエールがいないこと、ピエールの無はそれじたい消極的な事態でありながら、しかしひとつの積極的ゲシュタルトとなり、「不在のピエールがカフェに付きまとっている」〔*ibid.*〕。

　ここでサルトルはやや奇妙な補足をくわえ、不要とも思える留保を付していた。ピエールは、たしかにこのカフェに付きまとっている。けれども「ウェリントン」や「ポール・ヴァレリー」の不在の影は、このカフェには漂ってはいない。ピエールとの関係は現実的な関係である。ウェリントンやヴァレリーとの関係は思考された関係にすぎない。だから判断が非存在をくわえるのではなく、非存在の直観が否定判断を支えるのである〔45 f.〕。――「私」はただ徒《いたずら》にピエールを探していたのではない。おそらく事態は切迫している。そうしたすれ違いを、もしかすると著者サルトルは、ほどなくレジスタンス運動のさなかで経験することになったかもしれない。

3　不安と自由の深淵

サルトルのハイデガー批判と、「無の起源」への問い

この「序章」のごく最初のところで、ヘーゲルに対するサルトルの批判についてすでにふれておいた。サルトルとしては、ヘーゲルにおける存在と無の等置を「無にかんする弁証法的な捉えかた」と考え、そこにパルメニデスの原理に対する侵犯を見てとっていたのであった。ひとことでいえば「存在は存在し、無は存在しない」のだ〔本書、二二頁〕。

おなじくハイデガーの所論が「無にかんする現象学的な捉えかた」を代表するものとしてとり上げられて、『存在と無』の該当箇所で検討され、批判されている。ハイデガーにおいては「無の根本経験」(Grunderfahrung des Nichts) が問われ、その経験が「不安」(Angst) をめぐるそれとして明かされる。不安とは心配や恐怖ではない。不安には特定の対象がなく、しいて挙げるとすればその対象は私たち自身である。[15] 不安は世界のうちで萌すのではなく、かえって世界の外部を指示して、世界を超越した次元から兆してくる。かくしてハイデガーの場合では、無は世界と存在を「全面的に取りかこみながら同時に世界から追放」され、世界にむしろその輪郭を与えていた。――サルトルの批判は、ここでも単純なものである。「ピエールはいない」といった日常的判断を根拠づけるために「ほんとうに世界を超えでて無へと向かい、つぎにふたたび存在にまで

戻ってくる必要があるのだろうか」〔EN, 54 f.〕。

不安において無があらわになる。とはいえ、不安は対象として明らかになるのでも、存在者として顕らかになるのでもない。無は不安において、存在者の全体とともに立ちあらわれる。不安のなかで全体としての存在者が滑りおちる。いっさいは無根拠《ウングルント》という深淵《アプグルント》のなかへと沈みこんでゆく。これがハイデガーのいう「無化」である。無化が不安において生起して、不安が存在者の全体をあらわにする以上、ハイデガーによれば「存在者が存在することにおいて無の無化が生起する」(Im Sein des Seienden geschieht das Nichten des Nichts) はこびとなるはずである。[16]

右の引用は『形而上学とはなにか?』からのものである。ハイデガーはこうして、無を世界の外部へと追放したことになるのかは微妙だろう。とはいえ、ハイデガーの語りだす無そのものがなにほどかそれじたい形而上学的なもの、世界と自然を超えたもの《タ・メタ・タ・ピュシカ》にかかわるものとなることはほとんど自明である。

サルトルの無は、これに対して、世界の現われのなかに切れ目をいれて、窪みを穿ち、欠如をあらわにする。やがて見てゆくとおり、サルトルの分析する「不安」(angoisse) もまた、世界と人間的現実 (réalité humaine) あるいは人間存在の日常のなかでこそ、垣間みられるものとなるだろう。無はつまり「内世界的な無」〔EN, 58〕であって、不安がその内世界的な、人間的現実における最終根拠《ウアグルント》あるいは人間存在《レアリテ・ユメーヌ》の無底《ウングルント》をあかるみに出すこととなるはずである。

ハイデガー批判の末尾を引く。

無は、存在によって支えられているのでないならば、無としてのかぎりでは消えさって、私たちはふたたび存在のもとに立ちもどってくる。無は存在という基底のうえでのみ、無化される（se néantiser）ことができる。無が与えられうるのは、存在の以前にでもなければ、存在の以後にでもなく、また一般に存在の外部にあってでもない。それはまさに存在のただなかで、その核心において、一匹の虫として（comme un ver）与えられるのである。

〔*ibid*, 57〕

それでは無はどこから到来するのか？　そもそも一箇の充実であり、存在者によって充満した世界のなかで無はどのようにもたらされるのだろうか？　『存在と無』はあらためて節を立てて、「無の起源」を問題とする。本節ではまずその叙述を跡づけ、つぎに「不安」をめぐるサルトルの分析を読みとき、引きつづいてこの哲学書が奇妙なかたちで問題とする論点、すなわち「自己欺瞞」という現象に立ちよってゆくことになるだろう。

「無化」への問い――「無が無化する」のか？

『存在と無』の著者に倣ってここですこし後ろを振りかえり、これまでかたどられてきた思考のみちすじを整理してみよう。

ほんらい問題は「存在とはなにか？」であった。この問いに対していったんは「存在とは即自である」と答えられたことになる。とはいえ、さかのぼって問われなければならなかったのは、がんらい「問うとはなにか？」という問いなのであった。この問いを問うことであきらかとなることがふたつある。ひとつは、問うとは探究することであり、探しもとめること自体が「無」を前提としていることである。もうひとつにはそうである以上、そもそも「無への問い」が可能でなければならないということであった。

無への問いに答えようとする途上、〝不在のピエール〟をめぐる経験の分析にかかわって確認されたのは「二重の無化」（double néantisation）という事態である。それでは、無化とはなにか？　この問いに対してハイデガーの「無化《ニヒテン》」とはべつの仕方で答えられなければならない。存在は存在し、無は存在しない。存在は無とはかかわりがない。存在が充実である以上、存在の内部に無がはらまれることはない。しかしまた存在の外部で無を考えることもできない。無はつねに存在のおもてにあらわれ、存在の表面で煌めくからである。かくて無は一方で存在の内部から出発して考えられることも、存在の外部で思考されることもできない。存在なら「みずからを無化する」（se néantiser）ことも可能だろうが、「無」は非存在である以上「《みずから無化する》のに必要な力」をじぶんでは具えていない。それでは「〈無〉はいったいどこから到来するのか？」〔EN,58〕。

もしこの問題にいっそう接近してゆこうと思うならば、私たちがまずみとめなければならないのは、無に対して《みずからを無化する》という固有性を帰属させるのを許してはならない、ということである。《みずからを無化する》ということばが考えつかれたのは、〈無〉

からほんのわずかでも存在めいて見えるものを取りのぞくためであったろうが、存在だけがみずからを無化することができるしだいを承認しておかなければならないからである。なんといっても、どのような仕方であれみずからを無化するためには存在している必要がある。しかるに無は存在しないのだ。〔*ibid.*〕

無が無化すると語ることで、ひとは無に存在を帰属させることを拒否する。サルトルに言わせると、その拒絶の身ぶりはなお不十分なのだ。というのも、みずからを無化しうるのは存在だけだからである。まず存在して、それからみずからを無化する必要がある。無は存在しない以上、無がじぶんを無化することはありえない。

無は存在するのではなく「存在される」。自動詞である「存在する」(être)を他動詞化して、存在される(*est été*)と語ることがいかにも不自然なら、こう言うべきだ。無はみずからを無化するのではない。無は「無化される」(*est néantisé*)〔*ibid.*〕。——それでは、なにが、あるいはだれが無化するのだろうか?

「無化」の起源——デカルトの「懐疑」と「自由」

無化されるのは無ではなく存在である。無化によって無はわずかに存在され、「借りうけられた存在」を手にするにすぎない。そうであるとするならば、無を存在に到来させるような「ひとつの存在」が存在しなければならない〔*ibid.*〕。なにが、あるいはだれがそのような存在でありうるだろうか？

無化するとは存在に無を到来させることであり、要するに存在を否定することである。前節の場面では〝ピエールの不在〟を例としてないことそのものが覚知されるケース、非存在の直観を問題としておいた。そこで作動していた無化の働きにあっては、しかし無化するという能動的な作用はおもてにあらわれず、カフェという背景はいわば受動的に無化されて、ピエールの不在という否定的なゲシュタルトがその地のうえに、図としておのずと浮かびあがっていたとも言ってよい。それでは、無化が能動的な働きとしてあらわれて、無化することが作用というかたちでも主題化される場面として、思考のどのような局面を考えておけばよいのだろうか？

サルトルがここでデカルトのいわゆる「方法的懐疑」に言及していることは興味ぶかい。デカルトが『方法序説』で説いていたように、いっさいは「私の夢にみる幻影」（les illusions de mes songes）にひとしいと考えてすべてを宙づりにするとき[17]、そこではたらいているのは否定の作用であり、無化の働きである。戦後に発表されたデカルト論（「デカルトの自由」一九四六年）で、サルトルはこう書いていた。方法的懐疑において私は「存在するあらゆるものを無にすることができる」。そのとき私は「じぶん自身が空虚であり無である」ことによって、「存在者のすべてをカッコに入れて、私の自由をかんぜんに行使している」。懐疑とは「存在との接触を断つこと」である。人間は懐疑によって「存在する宇宙からみずからを解放」し、孤立化することができる。人間は自由であるがゆえに懐疑を徹底することができるのだ。そして懐疑が貫徹されることこそが、真理へと到達しうることの条件である。かくて「人間は自由であるから、真理の秩序が存在する」〔S II, 298 ; SP, 72〕。たしかに、かつてデカルト研究の泰斗がすでにその博士論文で主張していたとおり、自由の問題をデカルト哲学の総体から切りはなすことはできない。[18]『存在と無』はこう書いていた。人間はいっさいの存在者をカッコに入れて、そのことでみずからを「存在の外部に」置いて、「無のかなた」へと退引することができる。「人間存在を孤立化させるような一箇の無を分泌する、人間存在にとってのこの可能性に、デカルトは、ストア学派のひとびとに倣ってひとつの名を与えた。それが自由なのである」。デカルトの懐疑は、そもそも人間の自由によって可能であった。懐疑は存在を否定して、無を分泌する。かくて「無は人間の自由によって世界へと到来するのでなければならない」(néant doit venir par elle [=liberté humaine] au monde)〔EN, 61〕。

「想像力」の自由をめぐって

無の無化作用を可能とするものは、人間の自由である。デカルトがすでにそれを知っていた。『存在と無』がデカルト的な懐疑のうちにみとめることになる人間的な自由を、大著に先行する論稿群が「想像力」の作用のうちでつとに承認している。

サルトルの最初の著書は一九三六年に出版された『想像力』である。想像力《イマジナシオン》とは心像《イマージュ》を生む能力のことである。従来の哲学は、心像を事物の写し、知覚の劣化したものと考えてきた。[19]しかしフッサールの主張するように、すべての意識はなにものかについての意識であって、心像もしたがって志向的構造を有するものにほかならない。そのかぎりで意識のなかには心像は存在せず、かつ存在しえない。心像もまた「なにものかについての意識」である。かくて、イマージュとは「ひとつの行為であって、一箇の事物ではない」（un acte et non une chose）〔IN, 162〕。心像《イマージュ》が行為であるかぎり、それは人間の自由が生みだしたものなのだ。

四年のちの『想像的なもの』ではこうである。知覚《ペルセプシオン》と想像《イマジナシオン》とは意識のふたつの様態である。知覚は存在する事物を志向するのに対し、想像は存在しない、あるいは不在の事物を対象とする意識なのである。想像もまた志向的な構造を具えているとはいえ、それが志向するものはつねに一箇の非在であり、ひとつの無である。したがって、想像力《イマジナシオン》が可能であるためには無が存在し、世界の無化が可能でなければならない。想像力が可能となるための条件は二重である。ひとつには意識が、世界の全体を定立しえなければならない。もうひとつには意識にはまた、「世界を心像《イマージュ》に対して無《ネアン》として定立すること」が可能でなければならない。「なんらかの意識が想像力を発揮しうるためには、意識はその本性そのものによって、世界から逃れることができるのでなければならず、世界に対して後退した姿勢を、じぶん自身のうちから引きだすことができなければならない」。『存在と無』に先だって、サルトルは結論づけていた。「ひとことでいえば、意識は自由である必要がある」（En un mot il faut qu'elle ［=conscience］ soit libre）〔IE, 353〕。懐疑と同様、想像力も人間的自由のあかしである。――六八年五月、パリのいたるところで《想像力が権力をとる》というスローガンが谺《こだま》した。ポスターを貼り、プラカードを掲げ、そのもとに蝟集した者たちは、なおいくらかはサルトル主義者でもあったのである。

心像《イマージュ》の構造そのもののうちに「無化的な定立」が含まれており、したがってまた無がはらまれている。イマージュを生みだす想像力《イマジナシオン》は対象を非在つまり「そもそも存在しない」ものとして、あるいは不在すなわち「どこかべつのところに存在するもの」として定立するからである〔EN, 63〕。もうすこし具体的に考えてみる。

カフェでピエールとの連絡に失敗した「私」が、思いなおして、ピエールの部屋に行ってみることにしたとする。そこにあるのはたとえば読みさしの書物であり、書籍が載っているテーブルであって、つまりは「充実した現在性」(actualité pleine) 以外のものはなにもない〔*ibid.*, 62〕。ピエールが存在していた過去と、ピエールが不在となった現在とを隔てるものは、なにひとつとして存在しない。だがピエールがいない！　ピエールの決定的な非在によって、ピエールの部屋の過去と現在が区別され、しかしその存在と不在との差異を構成しているものはピエールの無にすぎない〔63〕。にもかかわらず私にとっては、ピエールの存在と非在が、ピエールの部屋の過去と現在とが区別されている。両者のあいだには「裂け目」(fissure) があり、「この切断面こそがまさに無」なのである (Cette coupure est précisément le néant)。時間の裂傷《フィッシュール》は私の切り傷《クピュール》であり、それはなんでもないもの、つまり無である〔64〕。世界の脆さ《フラジリテ》、言いかえればその可傷性《ヴュルネラビリテ》はかくて私の想像力に、かくてまた私の自由に由来する。

人間はなにものでもないもの《リアン》として無《ネアン》を抱えこむ

繰りかえす。ピエールと連絡が取れず、部屋からもそのすがたが消えている。ピエールの部屋そのものには、しかしランプの光を鈍く反射させているテーブルや、テーブルのうえに載った、ページがところどころ折れかえった書物や、さまざまな存在者、その現在の充実だけが存在し、部屋の主人の不在の痕跡はどこにも存在しない。ないものはなく、あるものだけがある。しかしピエールがいない！　「私」にとっては過去と現在のあいだに裂け目が入り、時間そのものに亀裂が走って、目には見えない切断面をはさんで両者が切りはなされている。――「この分離、この剝離」(cette séparation, ce décollement)〔EN, 64〕はなにか？　ここで、過去の意識と現在の意識とを分かつものは、いったいなにか？

> 先行するものを後行するものから分離するものは、まさになにものでもない。そしてこのなにものでもないものは、まさにそれがなにものでもないがゆえにこそ、絶対に踏みこえることができない。というのも、踏みこえられるべき障害のすべてのうちには、踏みこえられるべきものとして与えられる積極的なものがあるからである。〔中略〕かくして、人間存在が世界の全体あるいは部分を否定することが可能となる条件は、人間存在がみずからの現在をじぶんの過去のすべてから分離するこのなにものでもないものとして、みずから自身のうちに無を携えていることである。〔*ibid*, 64 f.〕

なにものでもないもの《リアン》とは無《ネアン》である。人間存在はこのなにものでもないものとして無を携えている(elle porte le néant en elle comme le *rien*)。人間存在はこの無によって、みずからの過去を自身の現在から分離する。その無は世界の無ではない（ピエールの部屋からはなにも失われておらず、部屋のすべては一箇の充実である）以上、人間存在にとって「自己自身の無」（son propre néant）であるほかはない。自由とはそして「自己自身の無を分泌する」ことである。過去が無によって現在から切りはなされることこそ人間存在の自由であるからであり、「意識はみずからの過去であることを無化することとして自己を生きる」からである〔65〕。つまり、一方で自由とはなによりもまず自身の過去からの切断であって、他方で過去が現在と接続している以上、過去の切断は無によって、意識がみずから分泌する無を介してのみ可能となるからである。

「不安」と「眩暈」——人間的自由の深淵《アブグルント》

意識とは自由である。意識は自由なものとして存在している。意識の存在が自由であり、自由とは意識の存在である。そうであるならば、「意識は自由についての意識として存在していなければならない」〔*ibid.*〕。

人間存在とはみずからの存在を意識している存在である。そのかぎりで、人間存在はみずからの過去であり、またみずからの未来である。人間存在はしかし自由であるかぎりでは、じぶんの過去ではなく、またじぶんの未来でもない。人間存在はみずからの自由によって自身の過去から切断され、無で拭いさることで自己の未来を未記入な白紙とすることができる。

人間はかくて不安でもありうる。「人間がじぶんの自由を意識するのは不安においてである」。「不安においてこそ自由は、その存在においてそれ自身にとって問題となる」（c'est dans l'angoisse que la liberté est dans son être en question pour elle-même）〔66〕。

不安が人間的自由の深淵《アプグルント》を開示する。ここでサルトルが考えている不安は、しかしあの不安、なにほどかそれじたい形而上学的な不安、世界と自然を超えたものにかかわる不安、つまりハイデガー的な不安ではない。世界のなかで生きる人間存在にとって、世界をめぐる経験のただなかで不安が兆し、人間の自由が日常の自然な体験のかたわらでその深淵を開示する。

ハイデガーは不安と恐怖とを区別した〔本書、四五頁〕。サルトルもまたその両者を区別する。『存在と時間』は双方があらわれる場面を切りわけていた。『存在と無』の分析では、恐怖と不安はおなじ局面で、しかしことなった由来《タ・メタ・タ・ピュシカ》をもつことで差異化してゆく。

サルトルは、キルケゴールに言及しながら、不安のいくつかの実例を挙げたあとでこう書いていた。引用しておこう。

いま挙げてきたさまざまな例において、不安とはなにを意味するものだろうか？　眩暈の例に立ちもどっておこう。眩暈の先ぶれとなるのは恐怖である。私はいま或る絶壁に沿ったせまい小径にいて、そこには手すりすらもない。この絶壁は回避されるべきものとして私に与えられており、絶壁のあらわしているのは死の危険である。まさにそのとき私が考えるのは、一般的な決定論に関係しているいくつかの原因であり、死のこの脅威を現実のものへと変換しうるいくつかの原因である。私は小石のうえで滑って、深淵のなかへ落ちてゆくかもしれない。小径の地面は脆く、私のつぎの一歩で崩れさってしまうかもしれない。〔67〕

恐怖の（一般的な）原因となっていることがらは外部から到来する。それらは「私の可能性」ではない。恐怖のなかでじぶんが気づかう「私」は一箇の事物としての私、たとえば世界のうちの一物体として「万有引力の法則に従う」もの《オブジェ》である。法則は必然的であり、私には引力の法則に従わない選択も、その可能性もない。私の可能性を顕在化させるためには、私は他の諸可能性を定立したうえで、それらを否定つまり無化しなければならない。私は現に足もとに気をつけ、小径の端から離れて慎重に歩を進めようとしている。けれども、私がほかのことを考えてしまうこと、谷間を覗きこむこと、急に走りだすこと等々も可能である。それればかりではない。私にはみずから進んで絶壁から飛びおりることも可能である。すなわち「眩暈が不安であるのは、私が谷底に落ちやしまいかと恐れるかぎりにおいてではなく、じぶんがみずから谷底に身を投じはしないかと怖れるかぎりにおいてのことなのである」〔66〕。

底なしに見える谷間、絶壁《アプグルント》をまえにして、人間の自由の深淵《アプグルント》、なにものでもないもの《リアン》、無《ネアン》があらわれる。ふるまいは究極的には根拠を欠いて《グルントロース》おり、自由の底《グルント》は底なし《ウングルント》なのである。

日常の深淵――「博奕打ち」と「自己欺瞞」

ひとことでいうなら、「私が不安であるのはまさに、私のふるまいが可能なものでしかない（ne sont que *possibles*）からである」。現にふるまいは私の可能性のひとつでしかないのだから、私にそのふるまいを強制しうるものはなにもない。いま現に「私がそれであるだろうものである」（*je suis celui que je serai*）のは「それではないという仕方において」（*sur le mode de ne l'être pas*）のことである。つまり、私はいつでもそれではないものでありうる。「それではないという仕方でじぶん自身の未来であるという意識（la conscience d'être son propre avenir sur le mode du n'être-pas）こそ、私たちが不安と名づけるものにほかならない」〔68 f.〕。

不安はただ未来に向けて開かれているのではない。もしくは、未来との切断においてのみ開示されるわけではない。ひとがいつでも過去から切りはなされうることによっても、人間には不安が到来しうる。たとえば「二度とふたたび博奕を打つまい」と決心している賭博常習者がいたとして、その者が賭場のまえを通りすぎ、あるいは賭博台に近づくときに覚えるだろう不安がそれである。決心は「つねにそこにある」。それでも博奕打ちはギャンブルに吸いよせられてしまう。「この瞬間に博奕打ちが捕らえるのはやはり決定論の不断の中断であって、博奕打ちをかれ自身から切断する無」なのである。賭博から足を洗うための「動機」がほんとうに「意識のなかに」存在するならば、このようなことはありえない。動機はいつでも目覚めて、確実に作動することだろう。だが動機が存在するのは、じつはつねに「意識に対して」のことなのだ〔70 f.〕。

未来はひとつの可能性であるゆえに、人間はなにものでもないもの《リアン》、無《ネアン》によってじぶんの未来から切断されうる。意識とは決定論の不断の中断であるから、人間はみずからを「自身から切断する無」（le néant qui le sépare de lui-même）によってじぶんの過去から切りはなされることが可能である。——人間は、しかしまたじぶんの現在からみずからを引きはがすこともできる。つまり、人間には無意識にみずからを演じることが可能である。この無意識の演技こそが、日常を構成する。すなわち、日常の所作は「自己欺瞞」（mauvaise foi）からなっている。

演技と対自――それではないものであり、それであるものではない

『存在と無』が最初に挙げる、無意識のうちに媚態をふりまく女性の事例は、ここでは措いておこう。とりあえず注目しておきたいのは、サルトルがふれているつぎのような場面である。

> カフェのこのギャルソンを考えてみよう。敏捷できびきびした身ぶりをしているが、それはいささか精確すぎるし、いささかすばしこすぎる。かれは、いささか敏捷すぎる足どりでなじみ客のほうへやってきて、いささか慇懃すぎるくらいのお辞儀をする。その声や眼は、いささか過剰なまでの配慮に満ちた関心を、客の注文に対して表現している。〔98〕

ギャルソンのふるまいはすべて遊戯のように見える。その表情や声の調子すら例外ではない。かれは演じており、楽しんでいる。だが、いったいなにを演じているのだろう？　「かれはカフェのギャルソンであることを演じているのである」〔99〕。カフェのこのギャルソン（ce garçon de café）というのだから、サルトルはこの一節を、なじみの店の定席で、じっさいにギャルソンが動きまわるすがたを目にしながら書いているのかもしれない。

しかしそれを演じる以外に、カフェのギャルソンであることができるだろうか？　できないのである。ひとがただカフェのギャルソンであるのは不可能である。インク壺はインク壺であり、コップはコップである。だが「カフェのギャルソンは、このインク壺がインク壺であり、コップがコップであるのとおなじ意味では、直接的にカフェのギャルソンであることができない」のだ〔*ibid.*〕。私が日常で、だれかを、なにかの役柄を演じるとき、その役柄は私自身から分離されているように見える。演じるかぎりではたしかに分離されているのだ。しかしその役柄をはなれて私自身がべつに存在するわけではなく、ふたりの私が存在しているわけでもない。私は役柄から分離されているが、「分離されているのは、なにものでもないものによって」(séparé *par rien*)である。「私は主体に無を帯びさせ」、かくて私は「私がそれではないものであるというありかたにおいてカフェのギャルソンである」〔99 f.〕。人間存在は「それがそれでないものであり、それであるものではない一箇の存在」〔97〕であるほかはない。つまり対自であるほかはない。

『自由への道』では主人公のマチウが、クラブでイヴィックとその弟ボリスと落ちあって、店のバーテンをおなじような目で観察していた。バーテンは「いささか過剰に(un peu trop)存在している」。さっきまで「いささか詩的に」タバコを吸っていたのに、いまはバーテンを演じて、バーテンになりきっている。シェーカーを振り、蓋をあけて、なかの液体を過剰なまでに精確な身ぶりでコップへと注ぎいれているところである〔R II, 222〕。——自己欺瞞をめぐるサルトルの着眼は、その半分が作家の目に由来するものだったようにも思われる。ほかにも、哲学書の一節がときに同時に小説から切りとられたように鮮やかな描写を示していることがある。たしかに、「同時に作家でもない哲学者は存在しない」[20](il n'y a jamais philosophe qui ne soit aussi un écrivain)のかもしれない。サルトルはそのなかでやはり際だったひとりなのであった。

第I章

対自存在の問題

I　非措定的なコギト

「対自」をめぐるサルトルの思考を辿ってゆくまえに、すこしだけ寄り道をしておこう。

デカルトはもともと、数学を「その確実性と明証性のゆえに」好んでいた。デカルトの懐疑が数学的真理までおよぶ機縁を与えたのは、古代懐疑論との出会いと対決である。ただしデカルトは「疑うためにのみ疑う」懐疑論者に倣ったわけではない。求められていたのはいかなる懐疑も揺るがすことのできない第一原理である。かくてデカルトの懐疑は方法的懐疑と呼ばれる。

デカルトは「真理」を探して、「私の信のうちにある、まったく疑うことのできない或るもの」を求めている。その或るものは私の信のうちに(en ma créance)もともと「あった」(fût)ものなのだ。[21]――真がすでに存在していることは、あらかじめ信じられていた。真理を発見する冒険は、もともとから存在していたものに回帰する帰郷の旅でもある。『方法序説』から引く。[22]

こうして、感覚は時として私たちを欺くから、感覚の想像させるとおりのものは、なにも存在しないと想定しようとした。つぎに、幾何学のもっとも単純な素材についてであっても推論をまちがえて、誤謬推理を犯すひとびとがいるのだから、私もまた他のだれともおなじようにあやまりうるのだと判断して、それ以前には論証と見なしていた推理のいっさいも、偽なるものとして捨てさることにしたのである。

つづけて登録されるのが、いっさいを「私の夢にみる幻影」とひとしいと考える、夢の懐疑である。これについては本書でもすでにふれておいた〔五〇頁〕。よく知られているように、ここで懐疑のみちゆきは転回し、いわゆるコギト命題が獲得されることになる。すべてを疑い、あらゆるものを偽と見なすとき、そのように思考する「この私」は必然的に存在していなければならない。「そして「私は考える、それゆえに私は存在する」というこの真理はかくも堅固で確実であり、懐疑論者たちのどれほど途方もない想定であってもそれを揺るがすことができないのをみとめて、私はこの真理を躊躇なく、探しもとめていた哲学の第一原理として受けいれることができると判断した[23]」。デカルトがそう説いているとおりである。

デカルトからカントへ

デカルトの方法的懐疑の進行からすれば「私」は懐疑の果てに、第一原理の発見とともに見いだされる。デカルトはこの「私」をさらに規定してゆく。「私」は身体を必要とせず、しかも身体よりも認識するにたやすい。そこでは思考が思考を認識するからである。「ここから私が認識したところはこうである。私はひとつの実体であって、その本質ないし本性のいっさいは思考することにほかならない」(je connus de là que j'étais une substance dont toute l'essence ou la nature n'est que de penser)。思考する私はもともと私の信のうちでも存在しており、私の思考はすでに懐疑のみちゆきのなかで作動している。「私」は、懐疑し思考し、感覚しまた知覚するさい、いつでもいたるところで現前し、つまりはそのときそこに〝居合わせて〟いる。[24]現前し、居合わせる（présence）この「私」から「対自」をめぐる問題がはじまる。まず論点をカント理論哲学の中軸的部分から確認し、サルトルの思考へと繋いでゆくことにしよう。

カントによれば対象の認識は、感性が触発されることで生じる多様、ばらばらな感覚的所与に対して統一が与えられることをつうじて成立する。つまり多様な表象が「超越論的な主語X」に関係づけられることによって認識は可能となるが、「あきらかに私たちがかかわるのはじぶんの表象という多様なものだけであり、表象に対応するあのX（対象）は、私たちの表象のいっさいから区別されたなにものかであるはずだから、それは私たちにとっては無であり、したがって、対象によって必然的なものとされる統一とは表象の多様なものを総合するさいの意識の統一以外のものではありえない」[25]。――ここで引いたのは、いわゆるカテゴリーの「超越論的演繹」論の、初版（A版）の一節である。演繹論を、カントが第二版（B版）で大きく書きかえたことはよく知られている。つづけて第二版から、あらたな演繹論のほぼ冒頭部分を引証する。[26]

「私は考える」が私の表象のすべてにともなうことができるのでなければならない。そうでなければ、まったく思考されえないものが私に表象されることになるからである。これは表象が不可能であるか、あるいはすくなくとも私にとって無であることとひとしい。すべての思考に先だって与えられうる表象は直観と呼ばれる。かくして直観におけるあらゆる多様なものは、「私は考える」への必然的な関係を、その多様なものが見いだされるのと、同一の主観において有している。

「私は考える」というこの表象が「純粋統覚」と呼ばれ、また「根源的統覚」とも名づけられる。その表象は根源的な自己意識によって産出されるが、統覚のこの統一はそのかぎりではまた「自己意識の超越論的な統一」(transzendentale Einheit des Selbstbewußtseins)とも称され、およそ経験的認識、ならびにカントのいうア・プリオリな認識を可能とする究極的な条件であるしだいが認定されてゆく。[27]

カントからサルトルへ

「私は考える」が、事実問題としていっさいの経験にともなうわけではない。しかし ich denke が、経験のすべてにともなうことができるのでなければならない(muß ... begleiten können)。私は対象を認識するそのときどきに、同時にじぶん自身を意識しているわけではない。けれどもすくなくとも「私は考える」というかたちで私自身を意識する可能性がそのつどの経験に対して確保されていないかぎり、その経験において捉えられる対象自体が私にとっては無であることになるだろう。「私は考える」が認識のいっさいにともなうことが「できるのでなければならない」こと、すなわち統覚の可能性の必然性を主張するカントの慎重な言いまわしは、要するに「私は考える」が(カント的な意味で)事実の問題としてではなく権利の問題として、いっさいの認識に随伴することを表現しようとしたものなのであった。言いかえれば、統覚をともないうること が、いっさいの認識が可能となるための超越論的条件にほかならない。カントの ich denke も、 デカルトの *ego cogito* と同様、いつでもいたるところで現前し、そのときそこに〝居合わせて〟 いることができるのでなければならない。超越論的統覚の現前が可能であることが、それ自体と して、経験と認識のすべてを可能とする必然的な条件なのである。

一九三七年にサルトルは『哲学雑誌』第六巻に「自我の超越性」と題する論文を発表している。『存在と無』へといたる私たちの哲学者の道程を辿るさいに重要な論文であるというばかりでは なく、一方でデカルト的、他方ではカント的といってよい自我（*ego* ; Ich）のゆくえを跡づける うえでも興味ぶかい考察を含んでいる。

論文の本論冒頭にカントへの言及がある。引用してみよう。

カントに同意して、《「私は考える」が私の表象のすべてにともなうことができるのでなければならない》ことをみとめる必要がある。とはいえこの件から結論されるところは、「私」が事実じょう私のいっさいの意識状態のうちに住まい、現実に私たちの経験の最高の総合にさいして作動しているというしだいでなければならないのだろうか？ それはカントの思考を捻じ曲げることになるように思われる。批判の問題とは一箇の権利問題なのであるから、「私は考える」の事実上の存在については、カントとしてはなにごとも主張してはいないのだ。その反対にカントが完全に見てとっていたのは、《私》を欠いた意識の契機が存在することであったように見える。なんといってもカントは《ともなうことができるのでなければならない》(*doit pouvoir accompagner*)と語っているからである。〔TE, 13 f.〕

カントが主張しているのは、「私」が事実問題として意識状態のすべてに随伴していることではない。カントの強調するところはむしろ、「私は考える」がただ権利の問題としてすべての表象にともなうことが可能であり、この可能性そのものは意識の必然的条件であることである。カントの考えに従うなら、したがって事実の問題としては、「私」を欠落させた意識状態が存在するはずなのである。――ここで問題にしている初期サルトルの論文は「自我《エゴ》」が意識のなかに存在するものではなく、外部すなわち世界のうちに存在するしだいを示そうとしたものだった。論攷全体の主題についていまは立ちいらず、カントの主張と接続する論点にかぎってとり上げておく。

「非反省的次元では〈私〉は存在しない」

論点は、かえってデカルトの懐疑へと回帰する。「思考する私」は懐疑のすえに見いだされる。とはいえ「私の思考」は、すでに懐疑の過程において作動していた。かくて「私」は、懐疑し、また認識するさい、いつでもその経験に〝居合わせて〟現前している。つまり、*ego* そのものは反省によって見いだされる一方、*cogito* は反省以前の経験にそのつど立ちあっている。反省する意識とは、意識そのものを対象とする、すなわち「意識に向けられた意識」であって、コギトが確実であるのは、そこで「反省する意識」と「反省される意識」がひとつの意識であるからだ。

「反省する私の意識であるかぎりで、じぶん自身についての意識は存在し、その意識は非定立的な意識（conscience *non-positionnelle*）である。その意識が定立的意識となるのは、ただ反省される意識を目ざす場合においてのみであり、その反省される意識のがわも、反省される以前には、自己についての定立的な意識ではなかったのである」〔TE, 28〕。『存在と無』以前のサルトルは、ここでなにを主張しようとしているのだろうか？　もうすこし考えておく必要がある。

いま「私」は読書に没頭している。その場合でも私の意識は「なにものかについての意識」であるが、ただしその「なにものか」とは書物であり、あるいは小説の主人公である。すなわち、夢中で本を読んでいるさいその「非反省的意識のうちには〈私〉は存在していない」〔*ibid.*, 30 f.〕。あるいは「私」が路面電車を追いかけて走っているとき、存在するのは「追いつかなければならない路面電車についての意識」（conscience *du tramway-devant-être-rejoint*）のみなのであり、それ以外のものはなく、そこでも「私は消え失せ、無に帰して」いる。要するに「非反省的次元では〈私〉は存在しない」。存在しているのは対象についての意識と「その意識についての非定立的な意識」だけなのだ〔*ibid.*, 32〕。こうして、デカルトの *ego cogito* は懐疑のみちゆきそのものに非定立的な仕方で立ちあい、カントの「私は考える」もまた非措定的（non-thétique）な意識として、いっさいの表象に随伴することが可能であることになるだろう。

論点に対して『存在と無』はあらたな場面に定位して、あらたな視点を付けくわえている。[28] 私たちとしてはややながい回り道を経由したのちに、いまやようやく、この問題に立ちいってゆくのに必要な一定の準備を整えたことになるはずである。

『カルミデス』篇の罠と、「タバコを数える」私

本書の「序章」でも言及しておいた、『存在と無』「緒論」の一論点に立ちもどっておく。意識の志向性をめぐるサルトルの認定がそれである。

すでに見ておいたように、サルトルがフッサールに倣って主張するところによれば、「いっさいの意識」は「なにものかについての意識」である。言いかえれば、「超越的な対象の定立ではないような意識は存在しない」〔本書、二七頁〕。意識が、みずからを超越して自体的に存在する対象についての意識であることは、意識が即自としてのその対象を定立することとひとしい。「いっさいの意識は、それがみずからを超越してひとつの対象に到達するという点で定立的であり、意識はこの定立そのもののうちに尽くされている」〔EN, 18〕。――対象についての「定立的な意識」（conscience *positionnelle*）にはしかし裏面がある。定立的意識のうらがわに「非定立的意識」が貼りついている必要がある。サルトルにとっては決定的な論点にほかならない。

あらゆる意識が認識であるわけではない。とはいえ、すべての認識する意識は「自己の対象についての」認識でしかありえない。そして「認識する或る意識が、自己の対象についての認識であるために必要にして十分な条件とは、この意識がこの認識であるとともに、同様に自己自身についての意識でもあるということである」。たとえば目のまえのテーブルについての意識が同時に自己自身についての意識でないなら、私はじぶんの意識ではない意識、カントふうにいえば、私にとって無であるような意識を持つことになる。これは悖理であるから、対象を認識する意識

が、同時に自己自身を意識する意識であることが、意識がテーブルについての認識であるための必要条件となるだろう。他方、私がテーブルについての意識を有していると言うためには、「このテーブルについての意識を持っていることについての意識」を私が有していれば、それで十分である。かくて、意識がこのテーブルについての認識であるとともに、同様に自己自身についての意識でもあることが、意識がテーブルについての意識となるための必要にして十分な条件なのである〔*ibid.*〕。――自己自身についての意識とは意識の意識であり、あるいは意識についての意識である。それでは意識についての意識は、いったいどのような意識でありうるだろうか？

たとえば視覚とはさまざまな色彩を捉える感覚である。ほかならぬ視覚であるにもかかわらず色彩を見ることはなく、たんにさまざまな視覚そのものを見る視覚とは、どのような感覚でありうるだろうか？　おなじように、テーブルや椅子や、インク壺やペンについての意識ではなく、ただ自己自身についての意識であるような意識とはいかなる意識でありうるのだろう。プラトンが、すでに『カルミデス』篇で問題としていたこの奇妙さを回避するためには、意識についての意識をどのように規定しておく必要があるだろうか？

有名な一節であるけれども、ややながく引用しておく。サルトルが与えた回答である。

知覚することについて私が有する直接的意識は、私が判断し、意欲し、恥じたりすることを私に許さない。その意識は私の知覚を認識するのではなく、それを定立するのでもない。私の現在の意識のうちに存在するすべての志向は、外部に、世界に向けられている。これとうらはらに、私の知覚についてのこの自発的な意識は、私の知覚的意識にとってそれを構成するものである。言いかえれば、対象についてのあらゆる定立的意識は、同時に、それ自身についての非定立的意識なのである。私がこのケースのなかにあるタバコを数えているとしてみよう。そのばあい私が手にすることになる印象は、この一群のタバコの有する客観的な性質、たとえばタバコが十二本あることが開示されているというものである。この性質は、私の意識に対して、世界のなかに存在する性質としてあらわれる。私はタバコを数えることについて、定立的意識を有する必要などまったくない。私はじぶんを《数える者として認識する》のではない。〔中略〕私は、数を足してゆくじぶんの活動について一箇の非措定的意識を有している。じっさい、だれかが私に尋ねて、《なにをしているのですか？》と訊いてきたら、私はただちに《数えているのです》と答えることだろう。〔EN, 19〕

「非定立的な意識」と「反省以前的なコギト」

リュシアンはサルトルの中篇小説「一指導者の幼年時代」の主人公である。一篇の主人公は、あるとき気づいてしまった。リュシアン・フルーリエは「ただのなまえ」にすぎない。それではじぶんとはなにか？ すべては霧に包まれ、霧のなかに逃れてゆくように感じられた。リュシアンは、「《じぶんが存在しない》ことを確信していた」（J'en étais sûr : « *je n'existe pas* »）ことに気づいてしまう。かくてリュシアンは『無にかんする論考』を執筆しようと思い、リセの凡庸な哲学教師に相談してみた。「ぼくたちは存在していないと主張することはできますか？」教師はできないと答えた。「われおも〜う、ゆえにわれあ〜り、だ（Goghito, dit-il, ergo çoum）。きみはじぶんの存在を疑っているのだから、きみは存在しているのだ」〔R I, 375 f.〕。

すでに確認しておいたように、非反省的次元では「私」は存在しない。タバコの本数を数えているとき、私はじぶんを「数える者」として意識などしていない。読書に耽っている場面で、私は文字どおり〝我を忘れて〟いることだろう。路面電車を追いかけるとき、私の意識のいっさいは、走りさろうとしている車輛の最後尾に貼りついている。おなじように、私の定立的な意識のすべては、ケースに収められたタバコに向かっていた。とはいえ、だれかが部屋に入ってきて、なにをしているのか問いただされれば、私はすぐ、タバコを数えていたと答えることができる。そのかぎりでは、ぼんやりとタバコを数えていたときにも、なんらかのかたちで「私」がやはり居合わせていたのだ。本を読んでいたのが私であり、市電のあとを走っていたのも私であって、のちに私自身がそのことを想起しうるかぎり、そのどの場面でもやはり「私」は〝居合わせて〟いたにちがいない。——居合わせ、そこに現前していたこの「私」を、定立的意識によって捉えることはできない。それは《じぶんが存在しない》ことを「私」自身が証明しようとするようなものである。おなじ「私」、非反省的な次元に潜在している私を、反省によってその場で捉えようとすれば、かくて私は反省された「私」となって、かくてまた「定立」された私、定立的意識をともなった「私」として発見されてしまうことだろう。

そうであるとするなら、いま問題の「私」はあくまで非定立的もしくは「非措定的」な意識として、非反省的な水準に居合わせていたと語るほかはない。ことばをかえれば、対象についてのいっさいの定立的意識は同時にそれ自身についての非定立的意識であったのである（En d'autres termes, toute conscience positionnelle d'objet est en même temps conscience non positionnelle d'elle-même）〔EN, 19〕。

定立的な意識を、それじたい定立的な意識が捉えると考えるなら、無限後退が避けられない。定立的な意識が事後的に捉える意識は、それ自身は非定立的な意識でなければならない。自己についてのこの非定立的な意識が、おなじ自己についての定立的意識を可能としている。非反省的な意識が反省を可能とする。「反省以前的なコギトが存在して、それがデカルト的なコギトの」、つまり明示的で反省的な、要するに定立的な私は考えるの「条件」なのである〔ibid., 20〕。

繰りかえせば、非反省的あるいは前反省的な意識のなかに、明示的あるいは顕在的な「私」は存在しない。その意味では「自己についての非定立的意識」と語ることは、じっさいなお過剰なのである。「自己についての」（de soi）ということばが喚起しかねないのは、かえって対象を定立する、かくしてそれじしん定立的な意識であり、帰結するのは、かくしてまた無限後退である。サルトルとしては、それゆえ「についての」（de）をカッコに入れ、以後は「自己（についての）意識」（conscience (de) soi）について語ることになるだろう〔ibid.〕。

「自己欺瞞」の現象・再考

「自己欺瞞」という現象については、「序章」の末尾でごく簡単にふれておいた。本節の考察を受けて、ここでもういちど取りあげておく。

『存在と無』の邦訳者・松浪信三郎が mauvaise foi に対して「自己欺瞞」という訳語を当てたさいに注記していたように、たとえばパスカル『パンセ』に bonne foi と mauvaise foi を対比した断章があって、そのばあい前者は「良き信仰」、後者は「悪しき信仰」とも訳すことができる[29]。通常ボンヌ・フォアは「誠実」、モーヴェーズ・フォアは「不誠実」という意味ともなるが、サルトルのばあい後者にはとりわけ自己に対する不誠実という含みがつよい。私たちとしてもやはり邦訳書以来の伝統にしたがって、mauvaise foi を自己欺瞞と訳しておくことにする。

自己欺瞞は、一見したところでは「虚偽《マンソンジュ》」に似ている。虚偽はふつうしかし他人に対して真実を隠蔽するものであるのに対して、自己欺瞞の場合には自己自身に対して真実を覆いかくそうとする。そこには「欺く者と欺かれる者との二元性」は存在しない。欺く者も欺かれる者も自己であり、ここにはむしろ「意識の統一性」がある〔EN, 87〕。――あるいは、ひとつの意識のうちで欺く者と欺かれる者がともに存在している。両者はともに自己であるかぎり、意識の統一のうちにむしろ断裂が存在する。ただし前者はあくまでいわば非定立的に後者のかたわらに〝居合わせて〟いるだけなのである。

「序章」では通りすぎておいた、サルトルが最初に挙げている場面を考えてみよう。テクストを引用しておく。

たとえばここに、はじめてのデートにやってきたひとりの女性がいるとしよう。女性は、じぶんに話しかけているこの男性が心中どのような意図をいだいているのかをよくわかっている。くだんの女性はまた、遅かれはやかれ決断する必要があることもよくわかっている。それでも女性は、それを差し迫ったこととは感じたくない。そこでただ、相手の態度が示す鄭重で遠慮がちな態度にだけ執着する。〔*ibid*., 94〕

女性が表面で認知しているのは相手の慇懃さであり、おなじ女性は裏面では男性の性的欲望を知悉している。それはしかし、無かったものとされるのだ。自己欺瞞が打ちたてようとするのは「私はじぶんがあるところのものではない」ということである。自己欺瞞において「私はじぶんから逃れて、じぶんから逃げさる」(je m'enfuis, je m'échappe)〔96〕。——自己欺瞞とは欺瞞であって、ただの演技ではない。演じられている自己のかたわらに非定立的自己の意識が居合わせていて、その意識は私の真実を知っているからである。

「自己欺瞞」の条件・再考

自己欺瞞に陥っているとき、私は(他人ではなく)じぶん自身に嘘をつき、じぶん自身を欺くことになる。「私は嘘をつく者としては真実を知っていなければならないけれども、この真実は、私が騙される者であるかぎりでは私には覆いかくされている」。私はこの真実を注意ぶかく隠蔽するために、その真実をきわめて精確に知っていなければならない〔87〕。

ここで無意識的なものへの遡求が登場することは、ある意味で自然なことである。精神分析学はおそらくそこで「検閲」(censure)について語りはじめることになるだろう。なぜなら「検閲だけが、みずからの抑圧するものがなんであるかを知っている」からだ。――検閲は、けれども「自己（について）意識」している（la censure est consciente (de) soi）〔91〕。ここで作動していたのはつまりサルトルの立場からすれば、いっさいの「定立的意識」に随伴する「それ自身についての非定立的意識」であることになるだろう。

そうであるとすれば、逆に、自己欺瞞を免れていること、すなわち誠実であることとはなにを意味するのだろうか？　誠実であることは、ひとつの状態ではない。それは一箇の要求である。どのような要求か？　「じぶんがそうであるものとなれ！」という要求である。とすれば、これは即自であれ！　とする要求、不可能で理不尽な要求ではあるまいか？〔cf. 98〕

私たちが先にみたところでは、カフェのギャルソンであるためにはそれを演じる以外にすべがない。インク壺がインク壺であり、コップがコップであるようには、ひとはカフェのギャルソンであることができない〔本書、五九頁以下〕。そうである以上、じぶんがそうであるものとなれとはかえって自己欺瞞的な要求であり、「誠実とはまさに自己欺瞞に発する一箇の現象でなくして、いったいなんであると言うのだろうか？」〔103〕。――誠実そのものが自己欺瞞的である。かくて「自己欺瞞を可能とする条件は、人間存在が、そのもっとも直接的な存在にあって、つまり反省以前的なコギトの内部構造において、それがそうではないものであり、それがそうであるものではない（soit ce qu'elle n'est pas et ne soit pas ce qu'elle est）ということである」〔108〕。条件とはすなわち、意識が対自存在であることそのものなのである。

2　廣松渉のサルトル批判

即自、対自、非定立的（自己）意識

存在は存在する。存在は自体的《アン・ソワ》に存在している。存在とは即自《アン・ソワ》である。無は存在しない。意識が無を世界の表面にもたらす。不安のうちで世界のなかに無が開口し、日常の自己欺瞞にさいして、無が自己と自己とを隔てている。存在で充満している世界のうちへ無をもたらすのは意識であり、意識とは対自《プール・ソワ》にほかならない。

意識は、とはいえつねに「なにものかについての意識」（conscience *de* quelque chose）であり、意識がそれを志向し、それを定立する「なにものか」とは即自としての存在である。この意識が志向的意識であるためには、意識はこの即自についての意識でなければならない。しかし意識が意識であり、ここではとくに「私の」意識であるためには、「なにものかについての意識」が同時に「意識についての意識」すなわち前反省的なコギトでなければならず、つまり私が感じ、私が見て、私が考えていることの意識、要するになにほどか自己についての意識、自己意識で（も）なければならないはずである。

けれども他方、たとえば私が目のまえの景色に見入り、読書に熱中し、路面電車を追いかけ、あるいはぼんやりタバコの本数を数えているとき、（私の）意識は風景についての、物語について

の、電車についての定立的意識であって、私についての定立的意識ではない。「私」自身はじぶんの意識の定立的な対象ではなく、「自己についての意識」も措定的な意識ではない。むしろ「自己（についての）意識」（conscience (de) soi）と称するべきものだろう。言いかえれば、私にかかわる意識はそこでは明示的には存在せず、反省に先立つ次元では「私」は存在しない。存在しているのは意識についての非定立的な意識だけである。ただし非反省的な水準においては、対象にかんする定立的意識のうらがわには非定立的意識が貼りついており、いっさいの定立的な意識は同時にそれ自身についての非定立的な意識なのである。

　この件を〝証明〟するのは、俗にいう〝ハッと我にかえる〟体験だろう。タバコの本数を数えているとき、なにをしているのかと問いただされれば、私はすぐ、タバコを数えていたと答えることができる。ぼんやりしていた「私」はそのとき〝我にかえって〟いることだろう。路面電車に追いつき、座席に座ってほっと一息ついたとき、「私」は息をととのえながら、同時に私であることを取りもどす。〝我を忘れて〟読書に耽っていたとしても、たとえば帰宅した家人の声が、あるいはとつぜん覚えた空腹が「私」を物語から引きはがし、私は〝ハッと我にかえる〟ことになる。ぼんやりタバコを数えていたおりも、夢中で本を読んでいたさいも、市電のあとを走っていたあいだも、「自己（についての）意識」は非反省的次元でつねに〝居合わせて〟おり、それらの体験にもなんらかのかたちで「私」がやはり立ちあっていたのだ。〝我を忘れて〟いるときでも私は〝ハッと我にかえる〟ことができる。このことがなによりあかし立てているのは非定立的な（自己）意識と反省以前的なコギトの存在であり、定立的な意識の背後につねに控えている、非定立的な「自己（についての）意識」の存在なのである。

サルトルの即自／対自の二元論に対しては執拗なまでに異議をとなえたメルロ＝ポンティも、問題のこの局面ではサルトルと歩調を合わせているように思える。メルロ＝ポンティの口ぶりを借りるならばこうなるだろう。いま現在の経験を捉えようとする反省も時間のなかでだけ可能となる。それゆえ自己の自己に対する接触、自己の自己に対する現前は、その現在において摑まれることがない。デカルト的なコギト、口にされ書かれたコギトは、それに先だつ「沈黙のコギト」(*cogito tacite*) によって裏うちされていなければならない[30]。

そうなのだろうか。非定立的な（自己）意識、沈黙の、あるいは無言のコギトは、いっさいの経験にともなうことができるのでなければならない、いのだろうか？

廣松渉「人間存在の共同性の存立構造」をめぐって

一九七〇年代の初頭に、この国の戦後を代表する哲学者のひとり、廣松渉が、サルトル批判を展開したことはよく知られている。その批判を代表する論文は、七二年春に当時の新左翼理論誌『情況』に発表された「人間存在の共同性の存立構造」であった。フランスでは、六八年の五月革命以降、状況が変容して、運動は細分化した。サルトルは毛沢東派を支持し、七二年の二月に大規模なデモに参加して、毛沢東主義者ピエール・オヴェルネ殺害に抗議している。日本では、おなじ二月に連合赤軍兵士が軽井沢で銃撃戦を展開した。連合赤軍の一部には、原則的な毛沢東主義者が含まれている。廣松の論攷を掲載した『情況』四月号は、銃撃戦後にあきらかにされた連合赤軍内部のリンチ・粛清事件を特集していた。――ちなみに同論文は、一九七二年に単行本『世界の共同主観的存在構造』中に収録されたさいに、『思想』誌上で二回にわたって掲載された別稿とも編輯的に統合されて、「共同主観性の存在論的基礎」という標題をもつ長篇論文となる。ここでは『存在構造』所収のテクストから引用しておこう。

論文の第一節は「身体的自我と他在性の次元」と題されている。そこで廣松が問題としたのは三つの論点であった。ひとつは外界とじぶんの身体との分断であり、いまひとつは自他の身体的な区別であって、最後にいわゆる「対象意識」と「自己意識」との裁断である。サルトルの所説との関連で当面とり上げておく必要があるのは最後の論点であるけれども、第一の論点についてもおおすじだけをごく簡単に見ておこう。

自己の身体と外界との区別は自明であるかに見える。ひとはたしかに反省以前的に、じぶんの身体と外部の世界とを区別しているからだ。この区別はあたかも、ことがらそのものに内在する基礎的分節化に根拠をもっているかに思われる。だが、そうだろうか?

身体としての私、いわゆる「身体的自我」が、体験のそのつどの場面でいわば伸縮し膨縮することはよく知られている。杖をついて歩くとき、杖は私の手の一部である。自動車を運転する者にとっては、乗用車のボディこそがじぶんの身体のひろがりそのものだろう。じっさい、熟達した運転手なら通行可能な道幅を瞬時に判断するし、せまい道をとおりぬけるドライバーは、自家用車のなかで思わず身を縮めている。身体としての私とは皮膚の内部で閉ざされた（実体的な）存在ではなく、むしろそのつど膨張しあるいは縮小する（機能的な）存在である。

ればかりではない。杖の先端で地面の凹凸を触知するとき、杖の先端に与えられる感触は、杖の先の状態であるとともに地面そのものの性状である。そこでは、知るもの（能知）と知られるもの（所知）とが分かれていない。おなじようにまた、指さきに刺さったトゲの感覚は、トゲが刺さった指さきの感覚であると言うこともできるし、また指さきに刺さったトゲの感覚と語ることも可能である。このふたつはしかもおなじ事態の両面だろう。そのかぎりでは、身体はつねに或る両義性を、能知／所知の二義的なありようを示している。

ことがらは触覚的な次元を超えて、さらに視覚や聴覚にまで及ぼすことができる。眼は対象の表面で対象のかたちや色を触知するし、音が聞こえるということのうちには、たんに耳ばかりではなく、対象に固有な振動や、大気中に生じる疎密波もかかわっている。耳と対象とのあいだに存在するものたちは、このばあい触覚的場面における「杖」ともおなじ認識論的な位置を有することができるから、身体はこうして知覚される世界全体へと膨張する。あるいは知覚とは、身体がその全域へとひろがっている世界そのものの自己感受なのである。

廣松渉のサルトル批判——自己意識あるいは対自的意識の問題

こうした考察が斥けることになるのは、いわゆる主観と客観との固定的な二元化である。ひとは通常、身体によって外界から区別されていると考えるとともに、おなじ身体によってこの私は皮膚の内部に閉ざされ、外界からも他者からも遮断されていると考える。廣松は、外部と自己、自己と他者とが身体的に分断されているという常識に対して戦いを挑んでいたわけである。——

ここまでは、とはいえのちに見るようなサルトル的視点と（あるいはまたメルロ＝ポンティ的な観点とも）両立可能なものであるようにも思える。問題はその先である。

身体と精神の差異が両者の分断というかたちを取るにいたる、もうひとつの機縁が存在する。当の場面はそのうえ、純粋に精神的な「能知」の存在を想定させる経験的なきっかけともなっている。廣松は右に見たような身体論的な考察を承けて、この件を検討してゆく。問題はいわゆる「対象意識」と「自己意識」（サルトルの構図では非定立的な自己意識）との区別と関係とにかかわって、先に挙げた〝ハッと我にかえる〟体験の実相を検討するものともなっていた。

美しいひとに見惚れていて、〝ハッと我にかえった〟としてみよう。その場合でも、目のまえの女性のすがたにはまったく変化はない。だが、その前後では「意識事態」に明確な差異が確認される。それまで欠落していた〝私〟の意識、〝私が見ている〟という意識があらわれ、かくて「反省的意識にあっては、対象的知覚はもとのままだが、それに〝自己意識〟が加わる、とみなされる」。——そうだろうか？　あるいはそれだけなのだろうか？

見惚れていた状態が前反省的意識であり、ハッと我にかえってなりたつのが反省的意識であるとすれば、両者を分かつのは、一見したところ、私なるものについての主題的な意識だけであるかに見える。べつの場面を例にとって考えなおしてみよう〔岩波文庫版、一三二頁以下〕。

映画に熱中していて我にかえった場面を想像されたい。そこには、論者たちの指称する〝自己意識〟が見出されるかもしれない。だが、〝累加〟されるのは「私は映画を見ていたのだ」という意識だけではない。反省以前には意識野の全面と合致していた画面が、いまや視野の一部分を占めるにすぎなくなっており、観客席、スクリーンの両袖、観客たちの頭、私の身体なども顕現している。反省以前の意識と反省的意識とを比較する際、美人の姿なり、スクリーンの情景なりを切り離して、それだけに留目すれば、〝対象的知覚には微塵の変化もない〟かのように思える。しかし、対象的知覚野の全体に留目するかぎり、観客席の〝出現〟その他、そこには著しい変化が認められる。この一事を以ってしても、反省的意識において累加されるのは自己帰属意識だけだ、という〝認定〟は明らかに誤っている。

ハッと我にかえったとき、スクリーンの上下左右の空間も見えてくる。前方にならぶ椅子、他の観客たちの頭部も意識に登ってくるだろう。それらは、熱中して映画のストーリーに没入していたときには意識されていなかったもの、背景（「地」）として沈みこんでいたものである。だとすれば、ハッと我にかえるとき付加されるのはたんなる「私」の意識ではない。追加されてくるのは「地」として背景に退いていたものたちであり、身体として存在する私を中心として知覚的世界がパースペクティヴ的に拡がっていること自体についての意識にほかならない。

サルトルに立ちもどる——対自的身体へ

ハッと我にかえったとき変容するのは、むしろ知覚野の全体である。そのばあい付加されるのは「私が見ている」という意識ばかりではない。あるいは、ことばを換えれば「（私が）見ているという意識」に対応し、いわば「相即」しているのは、身体的な「私」を視座としてパースペクティヴ的に展がる「知覚的布置の覚識」なのである〔同書、二二三頁〕。

廣松はこの局面で直接にはサルトルの名を挙げていない。いっぽうサルトルとしても、反省的次元で付けくわわってくるのが、非反省的水準では非定立的なものだった「自己（についての）意識」(conscience (de) soi) だけであると明示的に主張していたわけではない。それにしても、廣松がここで見とがめているのが、「〝自己意識〟〝自己帰属意識〟のみを重視」する「まさしく論者たちの立場的臆断」〔二二三頁〕であって、論者たちのなかにだれよりもまずサルトルを数えいれていたこともまた見紛いようのないところである。廣松が、意識野は「即自的には、非人称的・前人称的である」ことを主張するかぎりでは〔二九八頁〕、この哲学者は最終的には、すべての定立的意識は同時にそれ自身についての非定立的意識であるとするサルトルのテーゼ〔本書、七三、七八頁〕そのものを否認するはこびとなるはずである。右に見た論点が、そのための前梯的な議論をかたちづくっていることも、それじたい見やすいところだろう。

ここで注目しておきたいのは、とはいえ、またべつのことがらである。サルトルの所論のうちでも「対自」と「知覚的布置」とを結びあわせて論じる局面が存在すること、その局面はしかも「対自」と「身体」とをあわせて問いかえそうとする場面、「対自存在としての身体」(le corps comme être-pour-soi) が問題となる段階であることである。それは、サルトルにとってはまた、対自それ自身の「事実性」(facticité) を問う問題次元にほかならなかった。

『存在と無』の考察のみちゆきにそくして言えば、身体にかんする論点は対他存在にかかわる問題系のうちで主題化されてゆく。けれどもその思考は私たちなりの視点からすれば、ほかでもなく対自存在をめぐる思考を具体化する水準でとり上げられるのに相応しいものであったようにも思われる。『存在と無』の思考の経路を跡づけるという課題からするなら、論述の順序を大きく濫すことにもなるけれども、ここですこし立ちいっておきたい。

サルトル身体論の基礎的前提

たとえばデカルトにとって身体《コール》とは物体《コール》であり、つまり *corpus* であって、*corpus* とはなによりもまず *res extensa*, すなわち延長するもの、延長実体であったと言ってよい。本章の冒頭でも見ておいたとおり、方法的な懐疑の果てに獲得された「私」は身体を必要とせず、「私」とは思考することをその本質とする実体にほかならない〔本書、六三頁〕。デカルト的な視界からすれば、かくて私と身体、つまり精神と身体、もしくは意識と身体は截然と区別されることになる。

廣松渉が「身体的自我」の次元を問題として、外界と自己身体の分断を問いなおすのをこころみたように、身体の問題をとり上げて、「身体と意識の関係の問題」を問いかえすにさいしてサルトルが第一に斥けるのは、「身体を或る種の事物として」(le corps comme une certaine *chose*) あらかじめ規定して、身体と意識とをそれぞれ固有の法則に従属している存在者と決めてかかる先入見なのであった。

『存在と無』の著者による問題の導入の仕方は、一見したところひどく素朴なものであるようにも見える。テクストを引用しておこう。

> じっさいのところ、《私の》意識をその絶対的な内面性において、したがって一連の反省的作用によって捕えたうえで、その意識を、一種の活ける客体《オブジェ》、すなわち神経系、大脳、腺、消化器、呼吸器、循環系などから構成されている対象《オブジェ》、その素材そのものを化学的に分析してゆけば、水素、炭素、窒素、燐等々の原子に帰着しうるような事物《オブジェ》と結びつけようとするなら、私がただちに遭遇することになるのはおよそ乗りこえがたい困難の数々である。〔EN, 365〕

こうした、一見したところナイーヴな語り口によって導入される視点は、身体をめぐる思考にあって不可欠な、一箇の本質的な視角である。サルトルはここでも論点をきわめて端的な仕方で手みじかに、また単純なかたちで述べていた。「これらの困難は、私がみずからの意識を私の身体に対してではなく、他の者たちの身体に結びつけようとするところに由来する」(ces difficultés proviennent de ce que je tente d'unir ma conscience non à *mon* corps mais au corps *des autres*)〔*ibid.*〕。

論者たちの前提とする身体は、身体ではない。すくなくとも私にとっての身体、私の身体ではない。どうしてだろうか？　私はこれまでじぶんの大脳を見たことがなく、内臓を剖見したこともなく、おそらくこれからもみずからの臓器を観察することがないからである。それどころか、私はじぶんの背中を見ることもできず、後頭部すら直接に目にすることもできない。あるいは、ある意味では私の顔、そこにあらわれるさまざまな表情もまた、他者たちの視覚に対しては与えられているものの、私自身には一種の運動感覚として所与となりうるだけである。鏡に映る私の顔は、左右が反転していることは措くとしても、むしろひとりの他人の顔にすぎない。もしくは鏡のなかに私は、他者の顔とおなじようにじぶんの顔をみとめるにすぎない。そこで与えられているのは対自身体ではない。一箇の対他身体である。「私にとってあるがままの身体」（corps tel qu'il est *pour moi*）は「世界のただなかに」存在する身体ではない。ある意味では世界のてまえに退引している身体である。つまり対自身体であり、視覚についていえば、見られた眼ではなく見るものである眼こそが、ここでいう「対自身体」に所属する〔*ibid.*〕。

ただし「対自存在が身体でなければならないのは全体としてであって、対自存在が意識であるべきなのも全体としてである」。ことばを換えれば「身体の背後にはなにものも存在していない。いっぽう身体は全体として《心的》なものである」（il n'y a rien *derrière* le corps. Mais le corps est tout entier « psychique »）〔368〕。市川浩のことばを借りるとすれば、かくて、精神は身体として、身体は精神として存在する〔『精神としての身体』勁草書房、一九七五年〕。

「対自身体」という問題次元

私の手はものを摑み、足はものを蹴り、大地を踏む。そのとき手足は可能性に向けて開かれている。たほう私の右手はじぶんの左手を捉え、みずからの足にふれることもできる。とはいえ、捉えられ、ふれられた四肢は、摑み、蹴り、立ちはたらく手足であることを止めてしまう。あるいはそもそも私はじぶんの眼を見ることができない。かりに現在の身体の構造とことなった構造の身体が可能となって、右目で左目を見ることができるようになったとしても、「私はじぶんの眼が《見ているのを見る》ことはできない」(je ne puis le [=mon œil] « voir voyant »)。

私はたとえば鏡のなかで、みずからの眼をひとつの対象として見ることができる。他方じぶんの眼によって、私はさまざまな対象を見ることもできる。とはいえ「眼はさまざまな事物のなかの一事物であるか、事物のさまざまを私に開示するものであるか、そのどちらかである。しかし眼は同時にこの両者であることはできないだろう」〔以上、EN, 366 f.〕。

対自身体とは見る眼であって、見られる眼ではない。そうした見かたを採用するかぎり、たとえば例の「倒立視」の問題はただの疑似問題にすぎない。「網膜のうえに逆転して描かれる諸対象を私たちはいかにして、もとどおり立てなおすことができるのか?」という問題は存在しない。問題はひとえに、蠟燭と水晶体と網膜とを横から等分に眺めようとするところに発生する。疑似問題が「対象についての私の意識を他の者の身体へと繫ぎとめる」ことでなりたつ。かくてひとは「物理学の視点、すなわち外部の、外面性の観点」をえらび、かくてまた「見える世界のただなかで死せる眼を考察した」ことになるのである〔*ibid.*, 367〕。

それでは、「見える世界のただなかで」生きて働いている眼を捉えるとは、どのようなことなのだろう。答えはここでも単純なものである。本書でもすでに早々にふれておいた消息、要するに左手にテーブルがあり、テーブルのうえにカップがあって、カップはそこに存在するという事情を想起しておけばよい〔本書、一二五頁〕。あるいはすこし場面を変えれば、「私にとってこのカップは水差しの左、そのすこしうしろに存在する。ピエールにとってそれは水差しの右、そのすこしてまえに存在する」ということだ。あるいはまた「おなじようにこのテーブルの脚が、この絨毯の唐草模様を私の眼から隠している」ということである〔EN, 368 f.〕。

私の身体が世界へと参入し、私の眼が世界を捉える。とはいえ、私の身体はそれ自体として、世界とその内部の存在者とおなじ生地で織りあげられているがゆえに、私の身体は世界を開くと同時に世界の一部に覆いをかける。テーブルの脚が見えているとき、そこに敷かれた絨毯の模様は隠されている。そもそも私の身体がここに存在していることが、そこに存在するものたちへの眺望を開くと同時に、てまえに存在する存在者を私の眼から隠している。「それゆえ、世界の構造が含意しているように、私たちは見えるものであることなく見ることができない」（Ainsi, la structure du monde implique que nous ne pouvons *voir* sans *être visibles*）〔*ibid*, 381〕。

身体と世界のパースペクティヴ

どういうことだろうか。やや長くテクストを引用してみよう。

> その意味で私の身体は、世界の表面のいたるところに存在する。私の身体はそこに、歩道に生えている灌木が街灯のかげに隠れているという事実のうちに存在するとともに、かなたに、屋根裏が六階の窓のうえにあるという事実のうちにも、走りすぎる自動車が、トラックの向こう側を右から左へと動いてゆくという事実のうちにも、街路を横切ってゆくあの女性

が、カフェのテラスに腰かけているこの男性よりちいさく見えるという事実のうちにも存在する。私の身体は世界と拡がりをともにしており、さまざまな事物をとおしてあらゆる方向にばら撒かれていると同時に、それらの事物がことごとく指示しているこの唯一の点、私がそれでありながら認識しえないこの唯一の点に集約されている。このことが「感官がなんであるか」を私たちに理解させてくれるはずである。〔381 f.〕

じぶんの身体は世界のいたるところに存在する（mon corps est partout sur le monde）。どうしてだろうか？　いま灌木の一部が街灯の後方に隠れているのは、私が街灯のてまえにいるからである。私が階段を登っていけば、屋根裏部屋は六階のうえに見えるのではなく、屋根裏部屋のドアが私の目のまえにある。私が道路の向こう側に立っているなら、自動車は目のまえの道路を左から右へと動いてゆく。小走りに道路をわたって向こう側にゆく女性がちいさく見えるのは、私が街路のこちら側のカフェの店内にいるからであり、テラスに座る男は女性の倍ほどの大きさに見える。私の身体は知覚的世界とともに拡がって、そこに見えるさまざまな対象とともにあらゆる方向にばら撒かれている（coextensif au monde, épandu tout à travers les choses）。

私の身体は、世界のうちにあるあらゆる存在者のもとに居合わせ、そこで現前している。歩道の灌木のまえに街灯があり、樹木が柱のかげで隠されているという現われのうちで、身体が現前し、そこに居合わせている。屋根裏部屋を見上げるとき、私の対自身体は六階のあの窓のところで立ちあっており、私の眼は行き交う自家用車とトラックとを、両者が交差するその場所で捉えている。ひとの姿かたちの大小は、私の身体的な対自存在を原点とするパースペクティヴのなかで配分され、私の対自身体はおのおのの対象の遠近と距離と見えすがたの大きさに、それぞれの知覚されるその場所で立ちあい、居合わせ、現前している。「じっさい身体は、感覚的な帰趨中心としては、私がそのかなたにおいてそれであるものである（ce *au delà de quoi je suis*）」。私はじぶんの知覚している「コップやテーブルや、離れたところにある樹木に対して」直接的に現前し、それらの知覚に、そこで立ちあっている。「知覚はじっさい対象が知覚されるまさにその場所においてのみ生じ、しかもその対象が距離をもたずに知覚されるその場所（la place même où l'objet est perçu et *sans distance*）にあってのみ生じうる」からである〔390〕。

対自と身体、偶然の必然、対自と超越

それゆえ「純粋な認識」という観点は矛盾している。「拘束された認識があり、その観点があるだけである」。認識はつねに人間存在にとっての認識であり、「人間存在にとって、存在するとはそこに存在することである」。すなわち、より具体的にいえば「そこに、その椅子のうえに」存在することであり、「そこに、そのテーブルのまえに」存在することである。一見したところ単純で卑俗なこの事実が、だが「一箇の存在論的必然性」なのである（C'est une nécessité ontologique）〔370 f.〕。

ここでは偶然であることがそれじたい必然である。途中を略しながら引用しておく。

一方ではじっさい、私がそこに存在するという形態で存在することは必然的であるにしても、私が存在することはまったく偶然的である。私はじぶんの存在の根拠ではないからだ。他方では私があれこれの観点に拘束されていることは必然的であるにしても、他のすべての観点を排除して、ほかならぬこの観点に拘束されていることは偶然的である。私たちが対自の事実性と呼ぶものは、ひとつの必然性を挟みこんでいるこの二重の偶然性である。〔中略〕その意味で私たちとしては身体を、私の偶然性の必然性がとる偶然的な形態と定義することができるだろう。身体とは対自以外のなにものでもないのである。〔371〕

対自身体は「いたるところに、超出されたものとして」存在する〔372〕。対自としての身体は対象のその場所にある。かくて「対自はみずからの外部に、つまり即自のうちに存在する」（Le pour-soi est hors de lui dans l'en-soi）〔225〕。「対自をその存在において規定することで即自を開示するこの内的な否定、現実化するその否定を私たちは超越と呼ぶ」〔228〕。

認識とは対自の超越である。超越であることが対自をその存在において規定する。対自存在とは超越である。身体という「私の偶然性の必然性がとる偶然的な形態」（*la forme contingente que prend la nécessité de ma contingence*）から帰結する超越である。

対自はもうひとつ、より本質的な意味で超越となる。対自とは時間という超越、とりわけ未来への超越である。未来への超越であることで自由であることになるだろう。

3 対自存在の可能性と時間性

対自身体の拡大と収縮

世界のなかの対象を知覚し、世界で生起するできごとを認識するとき、対自的な身体は世界のいたるところに存在する。私は屋根裏部屋を六階のうえで知覚し、車輛どうしの行き交いを街路の向こうで覚知する。対自身体は、知覚が生じるその場所に立ちあっている。私の身体は世界とともに拡がって、さまざまな対象とともにあらゆる方向に散乱してゆく。

対照的な場面を考えてみよう。私は景色を眺めながら散歩を楽しんでいる。見晴台があって、そこから風景を見わたすものとする。見晴台は景色を見る「観点」となっているが、そのとき私は「景色とともに見晴台をも見ている」。この観点をしだいに身体に接近させて、ほとんど身体と同一化させることも可能である。たとえば望遠鏡越しに景色を見るときはそうであるし、眼鏡の場合ならばなおさらそのとおりである。このような後退の「極限」に、ひとつの「絶対的な観点」を考えることが可能であって、その極限において私はもはや「視野をもつ」ために後退することが不可能となる。この一件が「身体を特徴づけ」ているのであり、そのとき「意識はその身体を存在する」（elle [=conscience] *existe son corps*）ことになるだろう。

私の対自身体は、知覚的世界の拡大とともに伸長し、膨張する。おなじ身体にかんして、他方このようにしてその収縮の極限を考えておくこともできる。私の身体は一箇の絶対的観点であるかぎりでは、私の対自身体に対する視点は存在しない。したがって非反省的な次元では「身体についての意識」は存在せず、身体はただ無言のまま意識に立ちあっているだけである。それゆえ身体は「自己（についての）非措定的な意識」に近接していながら、とはいえその意識と同一のものではありえない。身体はやはりただちに乗りこえられ、とおり過ぎられてしまうものであるからだ〔以上、EN, 393 f.〕。

　身体は絶対的な観点にまで収縮すると同時に、みずからが観点であることで、つまりそこから世界が眺めわたされるパースペクティヴの原点であることによってただちに膨張を再開し、ふたたび世界のいたるところに伸びひろがって世界のあらゆる方向へと発散してゆく。身体とはそれ自体としてみずからの外部へと超出する脱自的な存在であって、「それがあるところのものではなく、それがないところのものであるような存在」（l'être qui *n'est pas* ce qu'il *est* et qui est ce qu'il *n'est pas*）である。すなわち身体はここで対自身体であり、身体こそが対自である〔本書、二九頁〕。――おなじことは見る身体についてばかりではなく、働く身体にかんしても妥当する。あるいは、動き、立ちはたらく身体にこそ、より見てとりやすいかたちで当てはまる。そこではむしろ、見る身体が働く身体のうちに統合されることになるはずである。

　サルトル好みの例として、目のまえのひとつのコップを取ってみよう。私はいまそのコップをガラス製のコップとして知覚し、それ自体として《アン・ウント・フュール・ジッヒ》、それだけで存在しているものとして覚知しているかに思われる。しかし、すでに『存在と時間』のハイデガーがみごとに分析してみせていたように「厳密に考えるなら、ひとつの道具はけっして《存在》しない」。道具の存在にはそのつどすでになんらかの道具連関、道具全体性が属しており、その道具全体性のなかでのみ道具は道具でありうるからだ[31]。——事物はまず事物であり、のちに道具となるのではなく、またその逆でもない。サルトルの表現によればそれは「道具—事物」(chose-ustensile)である。そればかりではない。「道具の全体性は私の諸可能性の精確な相関者(le corrélatif exact de mes possibilités)」なのである〔*ibid.*, 250 f.〕。どうしてだろうか? サルトルを承けて、すこし考えてみる。

先どりする身体、対自としての身体

道具—事物としてのコップは、それ自体としてそこに注がれる水を指示し、迸りでる水は水道の蛇口を指示して、水道の蛇口は家屋の内部に張りめぐらされた道具連関のすべてを指示する。それらは同時に「私」のさまざまな可能性を遡示している。私は蛇口をひねることができ、水を水差しに受けることができ、水差しの水をコップに注ぎこむことができ、またそのコップを手で掴むことができる。道具の全体は私のさまざまな可能性の全体と対応している。

それだけではない。たとえば、私がコップに手を伸ばすとき私の手はすこし丸められて、すでにコップのかたちを象っていた。私の手が蛇口をひねるまえに手の指は蛇口の形状を写しとっている。蛇口から水を受けとめるさいに私の手は迸る水の圧力を予感して、ほんのわずか緊張していたのである。身体の身ぶりや姿勢、緊張や弛緩のうちに世界の構造がはらまれる。身体が働きかける世界の構造は身体のうちにあらかじめ書きこまれて、可能性として身体のうちに潜在している。そこで「知覚されたものは根源的に超出されたもの」である（Le perçu est originellement le dépassé）〔242〕。——身体は「行動の用具でもあり、その目的でもある」。それは身体がさまざまな道具を介して実現される諸行動の「全体的な帰趨中心」（le centre de référence total）であるからであり〔383〕、アリストテレスふうにいえば身体とは「道具の道具である」からである〔『デ・アニマ』第三巻第八章〕。

コップに手を伸ばすとき、私はまだコップを摑んでいない。にもかかわらず、私の手はすでにすこし丸められて、ガラス製のコップの丸みを先どりしている。蛇口をひねろうとするさいも、まだ蛇口にふれるまえから、私の手は蛇口の形状をなぞりはじめている。蛇口から水が迸りでる以前に、私は予想される水の圧力に対しすこしだけ身がまえ、その姿勢は手のさきに伝わって、指先を緊張させる。対自は身体であることで、対自自身の未来となる。

おなじように、部屋を出てゆこうとしてドアのノブに手をかけるとき、私の手はすでにノブのかたちをまねて丸みを帯び、私の腕はドアの重さをあらかじめ感知して、かるく筋肉を引きしめている。私はじぶんの現在をまえもって追いこして、みずからの未来へと身を乗りだしている。だからこそ、たとえばドアが意外と軽かったとき、（ドアが外開きならば）私はじぶんの身体ごとまえのめりになって姿勢を乱し、あるいは（内開きである場合なら）からだごと後ろに引きもどされて体勢を崩してしまうことだろう。

そうした場合、身体《コール》は物体《コール》であることで、現在からはみ出し、未来へ身を乗りだしかけているわけではない。コップはコップであって、コップの現在は現在そのものである。蛇口であるとはただ蛇口であることであり、蛇口でありつづけることであって、蛇口の現在と未来とのあいだにはなんの隔たりもない。ドアノブが現在からの距離を帯びているなら、私の手はそこで、つまりいまドアがあるその場所でノブを摑むことができないはずだ。

これに対して、身体は対自身体《コール・プール・ソワ》であることで現在との連結を外され、未来へ溢れだしてゆく。物体はそれがあるところのものであり（*est ce qu'il est*）、つまりじぶんの現在であって、それがいまだないところのものではなく（*n'est pas ce qu'il n'est pas*）、つまりじぶんの未来ではありえない。身体はみずからの現在に止まることがないかぎり、身体はそれが現にあるところのものではなく（*n'est pas ce qu'il est*）、身体がみずからの未来へと身を乗りだしているかぎりでは、身体とは現在それではないところのものである（*est ce qu'il n'est pas*）。身体がじぶんの未来であるとは、身体とは対自であることにほかならない。

自己差異化としての対自

ハイデガーは、現存在とは他の存在者とならんで世界のなかにただ存在する存在者ではなく、「この存在者にとってその存在においてこの存在そのものが問題であること」によって、存在者のすべてに対して際だった存在者であるしだいを強調していた[32]。この存在者にとってその存在においてこの存在そのものが問題であること（daß es diesem Seienden in seinem Sein um dieses Sein selbst geht）という表現は『存在と時間』で執拗に反復され、川原栄峰によればその回数は四十回以上、十頁に一回におよぶ頻度といわれる〔『ハイデッガーの思惟』理想社、一九八一年〕。

ハイデガーのこの規定を承け、『存在と無』「緒論」は意識を定義して、「意識とは、その存在が意識とはべつのひとつの存在をふくんでいるかぎりで、それにとってその存在においてじぶんの存在が問題であるようなひとつの存在である」（*la conscience est un être pour lequel il est dans son être question de son être en tant que cet être implique un être autre que lui*）〔EN, 29〕と語っていた。サルトルは『存在と無』第二部で、「対自存在」を問題としはじめるのにさいしてこの規定をふたたび想起しながら、つぎのように書いている。

だから自己（についての）非措定的意識の記述へと立ちかえり、その諸結果を検討して、「それではないものであり、それであるものではない」という必然性が、意識にとってなにを意味しているのかを問うことにする。
《意識の存在は、それにとってその存在においてみずからの存在が問題であるような一箇の存在である》と、私たちは緒論のなかで書いておいた。それは、意識の存在は十全な一致にあって自己自身と合致することがない、という意味である。そうした一致は即自についていわれる一致であって、その一致は以下のような単純な定式で表現される。すなわち「存在とはそれがそれであるものである」。〔*ibid*, 116〕

意識が対自であるとは、意識に対して意識が存在し、意識にとって意識そのものが問題であることを意味し、意識にとって意識が問題であることは、意識が意識にかかわっていることを前提している。意識が意識へと関係する以上、その関係は意識の裂け目を、あるいは意識そのものの自己との不一致を含んでいる。かくして「意識の存在は十全な一致にあって自己自身と合致することがない」(l'être de la conscience ne coïncide pas avec lui-même dans une adéquation plénière)。意識とは対自であり、対自である意識のうちには自己差異化がはらまれている。あるいは意識は自己を差異化して、そのことで対自的に、つまり自己に対して存在するものとなり、自己が自己に対して存在することで自己との差異、自己からの隔たりとしての自己となる。

意識は「そこから無が滑りこむことのできる裂け目」をはらむ。即自が充実であり、その存在の密度は無限であるのに対して、意識としての対自とは「一箇の存在減圧」(une décompression d'être) にほかならない〔*ibid.*〕。意識とは自己からの差異であり、自己との隔たりである。意識は自己差異化することで対自となり、対自とは自己のうちに差異をはらむ自己である。いいかえれば、自己とはことなるものが萌し、自己ではないもの、自己の無が兆した自己である。

対自と偶然性、事実性、可能性

対自とは「自己への現前」(la présence à soi) であると言われるとき、自己への現前が意味しているのはこの裂け目であり、自己差異化である。自己に対して現前しているとは自己に対して居合わせている (présent à soi) ことであり、自己が自己に立ちあうためには、自己そのものが分裂し、差異化していなければならないからである。つまり「自己への現前は、触知もされないひとつの裂け目が存在のなかに滑りこんでいることを前提としている」。対自が「自己に現前しているのは、それが完全には自己ではないからである」。対自は「なにものでもないもの《リアン》」によって自己から分離しており、自己から距離をおいて存在している。ただし対自を自己から隔てる距離とは「距離ゼロ」であり、その距離ゼロこそが無ということであって、「かくて対自とはそれ自身の無でなければならない」(Ainsi le pour-soi doit-il être son propre néant)〔120〕。

人間存在は意識として、対自として存在する。そのような「対自はひとつの世界のなかに投げだされ、一箇の《状況》のうちに放りだされているかぎりで存在する。対自はまったくの偶然であるかぎりで存在する」。対自のうちには対自の根拠がなく、対自のなかには対自ではないもの、対自の無が存在する。すなわち対自の偶然性が存在している〔122〕。対自のこの偶然性こそが、まえに対自身体にそくして確認した「対自の事実性」であり、「対自は存在する、対自は実存すると語ることができるのは、この事実性のゆえになのである」(C'est cette facticité qui permet de dire qu'il [=le pour-soi] *est*, qu'il *existe*)〔125〕。

人間存在とは意識であり、意識とは対自存在である。この対自存在のうちには、だが存在そのもの、即自存在のうちには存在しないもの、つまり一箇の「欠如」がある。人間存在は(すでに本書の「序章」でも見ておいたように)世界に無を、欠如をもたらすものであるがゆえに「それじしん一箇の欠如」を含み、それ自体が一箇の欠如でなければならない。——欠如とはたんなる否定ではない。たとえば弦月は、ただ満月を否定するものではない。弦月は満月からなにものかが欠けている月のかたちであるが、弦月とは同時に満月を先どりして、満月に向かってじぶんを超出している月のすがたでもある。弦月を弦月として見て、弦月に満月に対する欠如をみとめるのは、とはいえ人間の意識だけであって、人間の意識は対自存在として、みずからの欠如であるかぎりで、弦月という欠如を見てとっている。「世界のうちに欠如を現出させる人間存在は、それじしん一箇の欠如でなければならない」。「欠如している一箇の存在のみが、欠如をこうむるもの〔満月〕に向かって、存在を超出することができるのだ」〔129 f.〕。

おなじことは可能性についても当てはまる。「雨が降るかもしれない」、つまり「雨が降ることが可能である」とは、たんに降雨が現在の天候と「無矛盾的」であることではない。降雨の可能性はむしろすでに「脅威として空に属して」おり、「この可能性は、私の知覚する雲が雨へ向かって超出することを示している」。可能なものはすでに現実的であるものの特質のひとつであり、「雨が可能であるためには、空に雲が存在するのでなければならない」。その場合しかし、雲から超出して降雨の可能性を見てとるのはこの私であって、「じぶん自身に対してみずから自身の可能性であるような一箇の存在（un être qui est à soi-même sa propre possibilité）によって可能性が到来するのでなければ、そもそも世界に可能性などありえない」〔142 f.〕。すなわち、みずからの可能性であることで未来へと超越する存在によってのみ、世界に可能性がもたらされる。

様相概念・再考——現実性と可能性

人間存在とは対自であり、対自とは欠如であった。対自は欠如であることで存在を超出する。おなじく、対自はそれ自身が一箇の可能性であることによって、世界の風景に可能的な様態を、すなわち可能性そのものを付けくわえる。——一方で可能性という概念を捉えかえしておく必要があり、他方で可能性概念を時間性のうちで着床させておかなければならない。課題はかくて、様相概念と時間概念にかかわっていることになる。まずいわゆる様相概念にかんしてサルトルの発想を裏うちする思考として、カントの一論点をとり上げて簡単に考えておく。

様相概念として「可能性」「現実性」「必然性」の三つを設定してみる。その場合、可能なもののうちの或るものが現実的であり、現実的なもののなかで限定されたもののみが必然的であると考えることができる。そのとき、現実的なものの領野は必然的なもののいっさいを含む領野よりも大きく、さらに可能なものの集合は現実的なものの集合よりも大きく、したがってまた必然的なものの集合よりも遥かに大きいことになるだろう。

これは一見したところでは、常識とも合致する様相の捉えかたであるようにも思える。だが、そうだろうか？　カントは、ここで登場しているものはあらゆる現実的なもの（すなわち経験のすべての対象）をそのほんの一部分とする「可能性の一大帝国」（ein großes Reich der Möglichkeit）であると言い、その帝国をつくり上げるのは或る種の単純な推論にすぎないと主張する。カントに言わせると、その推論の「貧しさ」は驚くべきものなのだ。

たしかに「現実的なものはすべて可能的である」。不可能なものとはそのうちに矛盾を含むものであり、矛盾をはらむものは現実となることができないからである。ところで伝統的な論理学の規則にしたがうと、「現実的なものはすべて可能的である」とする命題から、述語を減量化して、主語と述語を入れかえ、換位命題をつくることができる。つまり命題「いくつかの可能的なものは現実的である」もまた論理的に正しい。

とすれば、現実的なものは、可能的なものになにかを付加したものとなるだろう。けれども、ここに陥穽がある。可能的なものになにごとかが付けくわわることで、現実的なものが形成されるとしてみよう。とはいえ、とカントは主張する。「可能的なものに付けくわえるということが、私にはわからない。可能的なものにさらに付けくわえるべきものなど、ありえようもないだろうからである[33]」。——或る事物について可能ないっさいの述語は、その事物についての完全な概念を与える。その概念の対象が現実に存在することをその概念に付加したとしても、当の概念はその内容にかんして、まったく増大しない。「存在する」という述語は（カントがのちに神の存在論的証明を批判して言うとおり）なんら「実在的な述語」（reales Prädikat）ではないからだ[34]。

様相概念から時間概念へ

現実性を可能性の一部と考えるとは、現実的なものが可能的なものから生成すると考えることであり、言ってみれば可能性を現実性の〝論理的な過去〟と考えることである。そのけっか可能なものは広大な領野を形成することになり、同時にまた可能性概念は空虚な概念となる。可能性という概念を空虚なものとしない、つまりその概念をむしろ現実のうちに着床させるためには、可能的なものを現実的なもののうちで位置づけてゆく必要がある。可能的なものを現実的なもののうちで位置づけるとは、それではなにか？

それは可能なものを時間化することであり、可能性を未来として、現在性とのかかわりで捉えかえすことにほかならない。問題は、かくて時間論そのものにあることになるはずである[35]。

よく知られているように、アリストテレス『自然学』がすでに、時間の問題をめぐって周到な検討を加えていた。アリストテレスの考察は、時間にかんしていくつかの難問を確認するところから開始されている。『自然学』第四巻第十章の冒頭にちかい部分から引用しておこう。

以上で論じられてきたことがらにつづいて検討されなければならないのは、時間にかんしてである。そしてこれについては学園外でおこなわれている議論〔一般むけの議論〕も参照しながら、第一には時間は存在するものに属するのか、存在しないものに属するのか、第二には時間の本性はなにか、を問題として考えてみるのが適切であろう。

ところで、時間はまったく存在しないのではないか、あるいは辛うじておぼろげな仕方で存在するだけなのではないか、という疑念がつぎのような理由から起こってくるであろう。時間のある部分は、かつてあったが、いまはもはや存在しない。他の部分は、まさにあろうとしているが、いまだ存在してはいない。けれども時間は、無限な時間にしても、そのときどきに切りとられた時間にしても、そうした部分からなりたっている。そして、存在しないものから合成されたものが、存在に与ることはできないと思われることだろう。

サルトルとしてはこの困難《アポリア》そのものに大きな意味をみとめていない。たしかに「過去はもはや存在しない」(le passé n'est plus) し、「未来はいまだ存在しない」(l'avenir n'est pas encore)。時間を付けくわえるなら、「瞬間的な現在」は無限に分割されて消えさってやはり存在しない。――時間をめぐるこういった逆説は、ひとつの前提から帰結するものであるにすぎない。その前提とは、過去・現在・未来という時間の三次元がそれぞれ独立に問題とされうるとする了解である。

サルトルによるなら「時間性とはあきらかにひとつの組織された構造」であり（La temporalité est évidemment une structure organisée）、過去・現在・未来のそれぞれについていうならば、それらのおのおのが「ひとつの根源的な総合の有する構造化された契機」（moments structurés d'une synthèse originelle）にほかならない。それゆえ典型的にはたとえば「いま」を時間の構成要素と考え、「いま」から時間が構成されると考えることは一箇の錯誤なのであり、その錯誤から逆説が生まれてくる。三次元的ないわゆる時間性が一箇の構造として、過去・現在・未来のそれぞれは構造の契機と考えられる必要がある。過去・現在・未来という、独立した時間の三次元と捉えられているものは、おのおのが相互に絡みあい、有機化された一箇の構造（une structure organisée）として捉えかえされなければならないわけである〔以上、EN, 150〕。

即自という無時間性、即自としての過去

過去は存在しないと言われる。そうだろうか？　私はいまこの部屋にいる。だからといって私がさっきまでそこにいた、となりの部屋が存在しなくなるわけではない。過去は存在することを止めたのではない。ただ有用であることを止めるだけである。[36]『物質と記憶』におけるベルクソンの一論点である。――ロカンタンもかつてそう考えていた。「過去はただ引退しただけ」であり、過去とは「休暇と活動停止の状態」なのであった〔R I, 132〕。だが、そうなのだろうか？

ある種のひとにとって、過去の思い出は種々のもの、家具、置時計、メダル、肖像画、貝殻、ペーパーウエイトのかたちを取って存在する。「過去は所有する者の奢侈なのである」（Le passé, c'est un luxe de propriétaire）。それでは、と主人公は考えはじめる。「私はいったいどこに過去を取っておくことができるだろうか？」過去とはポケットに入るものではない。過去を所有する場所を所有しようにも、私が所有するものといえば、私の身体ばかりである〔*ibid.*, 94 f.〕。思考は時をおいてふと引きつがれる。そもそも所有すべき過去など存在するのだろうか？

> 私は、じぶんの周りに不安な視線を投げかけた。現在だ、現在以外のなにも存在しない。軽く頑丈な家具たちも、現在に封じこめられていた。テーブルもベッドも鏡のついたタンスも――そして私自身も。現在の有する真の性質が開示された。それは存在するものであり、現在ではないものは、なにも存在はしていなかった。過去は存在していなかった。まったく存在していなかったのだ。〔132〕

小説中の考察は哲学書のうちでなかば肯定され、なかば否定される。継承されるのは、事物には時間性がなく、即自とは無時間性のことである、とする観点である。存在は存在する。即自は「ただ存在する」。即自にとって「過去は夢のように存在から滑りさったのだ」（Le passé a glissé de lui comme un songe）〔EN, 153〕。

対自にとってはどうか？「ポールは一九二〇年に高等理工科学校の学生であった」と、私が書くとしよう。若きポールは学生であるのであって、学生であったのではない。中年のポールはたとえば官僚であるのであって、学生ではない。学生であったのは、したがって現在のポールであり、「かれは四十代である」とも語られるこのポールである〔*ibid.*, 154 f.〕。あった（était）という語が示すものは過去と現在の結びあいであり、後者の前者への超出であって、「時間性のこのふたつの様相の根源的な総合」にほかならない〔158〕。

事物に時間は流れない。即自には時間性がない。過去のうえにはもはや時間が流れない。「私はじぶんの過去ではない。私はじぶんの過去であったのだから私の過去であるのではない」〔160〕。即自は無時間性である以上、即自には過去がないが、私の過去は一箇の即自である。「過去とは、超出されたかぎりで私がそれである即自である」（Le passé c'est l'en-soi que je suis en tant que *dépassé*）〔162〕。——だからこそ「死によって対自がことごとく過去へと滑りさったかぎりで、対自は永久に即自へと変じる」〔159〕。死者はただ「だれか生き延びた者の具体的な過去の岸辺に救われる」のを待つだけである〔156〕。

対自としての未来、時間性としての対自

それでは現在とはなにか？　現在とは現前である。現前とは居合わせることであり、居合わせるとは自己と自己が乖離し、自己が自己からの差異と隔たりを有する存在となることである。この件はすでに見ておいた。その意味ではたしかに「現在は存在しない」〔167〕。現在は現在としては存在しない。現在は現在ではないとはいえ、たほう過去が現在であるわけでもない。過去

は即自と化しており、いかなる差異化も含むことがないからだ。現在としては存在しない現在とは未来である。「現在としての現在はみずからがそれであるもの（過去）ではなく、じぶんがそれでないもの（未来）である」。かくて現在において「私たちは〈未来〉へと差しむけられて」おり（Nous voilà donc renvoyés au Futur）、現在とは、むしろ未来である。人間は「じぶん自身の未来である一箇の存在」であり、人間存在によって未来が世界へと到来する〔168〕。

未来を、いまだ存在しないひとつの《いま》と解してはならない。そうすれば、私たちはふたたび即自に落ちこみ、とりわけ時間を一箇の与えられた静的容器と見なさなければならないことになる。未来とは、私がそれでないことがありうるかぎりで、私がそれであるべきものである。〔中略〕対自がひとえにみずからの存在であるのではなく、じぶんの存在であるべきであるがゆえに、一箇の未来が存在するのだ。〔170〕

対自とは現にそれであるのではないものである。それゆえ「対自が存在のかなたでそれであるもののすべて」が未来である〔171〕。それゆえにまた、対自とは自由なのである〔174〕。時間性が存在するのではない。時間性はみずからを時間化する。対自が存在することによって時間化する。対自はみずからの現在ではなく、対自とはじぶんではないもの、みずからの未来への超越である。対自は未来への超越であることで自由なのである〔182〕。

第Ⅱ章

対他存在の次元

I　他者論の問題構成をめぐって

『存在と無』の構成そのものにそくするかたちで、本書のこれまでの展開を整理しておく。序章の考察の素材となったのはおおむね「緒論 存在の探究」と「第一部 無の問題」である。ついで第I章では「第二部 対自存在」を中心に思考を辿ってきたことになる。本章で私たちは、同書の「第三部 対他（Le Pour-Autrui）」を主題的検討の対象とするはこびとなるだろう。サルトルは『存在と無』第三部を以下のように書きはじめていた。前章との接続を図るためにテクストを引用しておく。

> 私たちはこれまで否定的なふるまいとコギトから出発しながら、人間存在を記述してきたことになる。この導きの糸にしたがうことで私たちが発見してきたのは、人間存在とは対自であるということである。これで、人間存在がそれであるところのものがすべて尽くされたことになるのだろうか？　反省的記述という私たちの態度からはなれることなく、私たちがさらに遭遇することのありうる意識の様式がある。意識のその様式は、思うにそれじしん厳密に対自でありつづけながら、しかも根底的にことなる存在論的構造のタイプをさし示している。その存在論的な構造は私の存在論的構造であり、私が気づかうのは私の主体にかん

してでありつつも、この《対私》的な気づかいが私に開示するのは、私の存在である一方で対私的なものではないような一箇の存在なのである。〔EN, 275〕

第一部で問われたのは、主要には世界に無をもたらす否定的なふるまいの数々（des conduites négatives）である。対自の名のもとに第二部で主題となった問題は、一方では定立的なコギトであって、他方でまた非定立的なコギトであった。『存在と無』第二部で論じられたかぎりでの対自存在によって、とはいえ、人間存在のありかたのいっさいが尽くされるわけではない。第三部でさらに考えられなければならない人間の存在様式は対他であって、対他とは、対自でありながら他者を巻きこんでなりたつタイプの存在論的構造のことである。その構造は、サルトルの予告によれば、前章まで辿られたかぎりでの対自のそれとは根底的にことなる構造を示すことになる。ここで予想されているものは、ひとことで言えば、私の存在でありつつも対私的なものではない存在の仕方（un être qui est *mon* être sans être-pour-moi）ということになるだろう。

対他存在とはなにか？――「羞恥」について

本書では、私たちの哲学者の思考の秩序を攪乱させることを惧れながらも、対自存在をめぐる問題を主要には対自身体にかかわる論点にそくして考察しておいた。サルトルそのひとは『存在と無』第二部の末尾ではじめて「身体」について言及し、思考を第三部へとつないでいる。サルトルによればつまり、身体――「私たちの身体」――は「その特殊な性格として本質的に、他者によって認識されるものというありかた」を有している。この存在様式とともにひとは、じぶんの「対他存在」を発見するのだ。かくて「人間存在はその存在において、おなじひとつの出現によって対他―対自でなければならない」〔*ibid*, 271〕。

私がたんに対私的な存在、対自存在であるばかりではなく、同時にまた対他存在でもあることをあかすのは私の身体であり、私自身の身体性にほかならない。だからたとえば「羞恥」(honte)という現象を取ってみよう、と『存在と無』第三部で著者は論じはじめる。[37]

羞恥の場合も、問題となる意識の構造はこれまでと同一である、とまずサルトルは言う。羞恥とはつまり「羞恥としての自己(についての)非定立的な意識」(conscience non positionnelle (de) soi comme honte)である。羞恥は他方ではまた一箇の志向的構造をそなえている。羞恥とは「なにものかについての羞恥的な把握」、すなわちなにものかを恥ずべきものとして非措定的に捉えることであるが、それではここで、羞恥にあたいするものとして把捉されるなにものかとはなにか?「私」である。羞恥を感じるとき「私はじぶんがそれであるものについて恥じている」(J'ai honte de ce que *je suis*)。――羞恥が反省的水準においてあらわれることもある。あるいは体験を想起する場面で「私」があらためてみずからを恥じることもあるだろう。とはいえ羞恥はがんらい非定立的で、原初的にはいわば直覚的な意識なのであり、羞恥はしかも「その第一次的な構造」においては「だれかのまえでの羞恥」(honte *devant quelqu'un*)なのである〔275〕。

どうしてだろうか?

私がいまなにか不器用もしくは不細工なふるまいをし、あるいは野卑なしぐさをしてしまったとしよう。そのことに私が気づくことができるのは、非定立的意識が私のふるまいに立ちあっていたからであり、じぶんの下品さに気づくときも私はあくまで一箇の対自的な意識であるにすぎない。しかし「だれかがそこにいて、私を見ていた」(quelqu'un était là et m'a vu)。私は恥じる。私は「他者に対してあらわれている」じぶんについて恥じている。この羞恥はそれ自体として対他的なものであり、同時にまた対自的なものである。私がたとえば野卑であるのは、他者に対してである。この下品さという対他存在は、だが他者のうちに住みついているわけではない。それはあくまで対自的に存在する。羞恥とは「他者のまえにおける、自己についての羞恥」(honte *de soi devant autrui*) であり、この二重の構造を十全に捉えるためには「他者」の存在が必要となる。つまりここでは「対自が対他を指ししめす」。

対他とはあくまで私の存在の次元であり、その意味で対他はつねに同時に対自でもある。それにもかかわらず、対他存在であることで私はいわば他者を巻き添えにして、私の存在そのものが他者の存在自体を懐胎している。かくして問われているのは「第一に他者の存在の問題であり、第二に他者の存在に対する私の存在関係の問題」(d'abord celle de l'existence d'autrui, ensuite celle de mon rapport d'*être* avec l'être d'autrui) なのである〔以上、276 f.〕。

他者の認識と他者の存在

『存在と無』の著者はこのような仕方で問題の所在を確認したのち、ただちに「独我論の暗礁」と題する一節を立てて、サルトルなりの手順で問題の背景と歴史に説きおよぶ。サルトルとしてはさらにフッサール、ヘーゲル、ハイデガーの所論を主題的に検討してゆくが、本節ではまず、考察の前提を私たちなりの視角から問題としてゆくことにしよう。

他者が存在し、他者は「私」にかかわり、私は他者と関係を取りむすんでいる。この件にかんしては疑いを容れないかに思える。日常生活で現実に問われうるのは「他者の心的状態（意識）を私はどのように知ることができるのか、その知識はどのくらい確実なのか？」にかぎられるとも思われる。じっさい或る種の論者が主張しているように、私たちは日常的には、いわば「他我の一般定立」（Generalthesis des *alter ego*）のうちで生きているといってもよい。[38] ――哲学的には、とはいえここですでに一箇の〝難問〟が生じる。どうしてだろうか？

日常のレベルでは、他者（他人）とは「内部に意識を宿し、心的体験を有している身体的存在」と理解されている。一方これも常識からすれば、他者の意識を直接に知ることはできないものとされる。それでは、他者が一箇の他我であること、つまり「もうひとりの私」（*alter ego*）であるのを私はどうやって知ることができるのか？　他者の認識が可疑的である（蓋然的である）ことから、原理的な次元では他者の存在が疑いうること、すなわち他者が他我であること、その存在が可疑的であるしだいが帰結する。他者はたんに、その認識において疑わしいばかりではない。他者の存在そのものが疑いうる。独我論こそが、この場面でむしろ首尾一貫した立場として登場しうる理由がここにある。――他者の意識はたしかに直接に知ることはできない。直接的な所与は他人の身体的な表出（ことばもこれに含まれる）にかぎられている。だが私はまさにこの身体的な表現（表情や身ぶり、あるいは大森荘蔵ふうにいえば〝声振り〟）〔『物と心』東京大学出版会、一九七六年、一〇九頁）を介して間接的に、他者の心的な状態に接近することができるのではないだろうか？　こうして常識的次元で、あるいは哲学的考察の準位にあってもいわゆる「類推説」や「感情移入（自己投入）説」が主張されるはこびともなるだろう。[39]

まず類推説をとり上げてみよう。類推説は、典型的には、「私」については既知とされる（原因としての）心的なもの（感情）と（結果としての）物的なもの（表情）との因果的な結合にもとづいて、他者の身体がしめす変化からその心的変容が類比的に推論される、とする所説だろう。けれども第一に、１　他者の表情理解は発生論的（発達心理学的）に連合や推論といった心的過程に先だち、それ自体としてはむしろ直覚的なものである。また、２　自己の表情は私にとって或る種の位置感覚もしくは運動感覚として与えられるのに対して、他者のそれは主要には私の視覚に対して与えられる。ふたつは感覚モダリティをことにしているから、両者のあいだにはそもそも類比のなりたつ余地がない。くわえて、３　因果関係は同一原因同一結果を含意するとはいえ、結果（表情）から原因（感情）への一意的な推論は成立しない。同一の結果（たとえば泣き顔）は多様な原因（喜怒哀楽のすべて）によって引きおこされることが可能であるからだ。

類推説から感情移入説へ

他者の表情から感情へいたる推論がかりに正しく、類比が結果的には成功したとしても、他者の位置に存在するのは「ふたたび私の自我であって、他者の自我ではない」。さかのぼれば、そもそも類比的な推論は「たんなる蓋然性を基礎づけうるものであるにすぎない」[40]。

日常的な生の場面ではたしかにいわゆる類推が働いて、他者の心的な状態が推察される局面もあるだろう。そのばあい問題となるのは、しかし感情と表情との原初的な結合といった次元ではなく、多くはむしろ体験の文脈の類似性である。要するに体験が置かれる経験の脈絡が類比可能なものである場合に、他者の心的体験への推論が発動することが現にありうる。一般に、体験の意味は経験の意味連関に依存しているからである。ただし類推そのものは、原理的次元では論点先取を含んでいることは覆いがたい。じっさいたとえばTh・リップスは類推説の批判を介して、感情移入説の立場を採るにいたったのであった。

　そこでつぎに感情移入説をとり上げてみる。いわゆる感情移入説の典型は、他者の身体の運動を機縁として、自己の感情が他者のうちに投射され、自己の自我が投入されることで「他我」が成立する、と説くものだろう。その基本的な構えのうちに、まずは類推説とのあいだで問題設定自体が変位しているはこびをみとめておくべきかもしれない。移入説にいたると、問題はたんに他者のそのつどの心的状態にあるのではなく、むしろ論点の所在が他我の存在の定立へと移行している。ただし、そこでも論点先取が存在するしだいを見てとることはたやすい。

　なぜならまず、1　いうところの〝投射〟は任意の物体（Körper）に対してなされるわけではない。（いわば生命感情の）投入される対象があくまで特定の物体であるかぎり、その物体はあらかじめ身体《ケルパー》であることが先どりされており、すでに生き生きとした表情をしめす肉体（Leib）としてあらわれている。さらにまた、2　眼前の身体の運動が〝機縁〟となって自己の自我が他者に移入される場合、他者の身体の運動はすでに、表情であり身ぶりであるものとして覚知されている。感情移入によって他我が成立するためには、第一に感情の転移が必要であり、第二に感情が転移された対象への自我の投入が必要となる。その場合しかし他者の身体の表面にあらわれる諸現出を表情と見なすことは、他者を他我として定立することの根拠ではない。むしろその帰結なのである。最後に、とはいえ決定的論点として、3 かりにそのようにして他我の存在が定立されたとしても、獲得された他者は自我の、すなわち「私」の我のいわば〝写し〟であるにすぎず、だんじて他我ではなく、けっして他我となることができない。ここでは「他我の一般定立」を説く論者の主張をあえて引いておくとすれば、「一般にこの対象を他者の身体として捉えうるためには、あらかじめ他者の存在《エクシステンツ》を前提としなければならない」[41]のである。

サルトルに立ちもどる――他者認識の問題と他者の存在問題

ここでふたたび日常に立ちもどって考えるなら、感情移入と呼ばれる働きが多くの場面で作動していることはみとめられてよいだろう。とはいえ「自己認識のイドラ」を問いかえそうとした論者の口ぶりを真似ていえば、人間はかえってしばしば「他者のものをじぶんのものと見なす」(*Fremdes für Eigenes zu halten*)ものである。ひとが感情移入をつうじてフィクションの登場人物たちの思いを理解するというのは、ことがらのたんに一面にすぎない。たとえば恋する若い女性ならばむしろジュリエットの感情をみずからの心情と取りちがえ、愛になやむ若い男性ならヴェルテルの苦渋を好きこのんでじぶんの苦悩とすることだろう。[42]

第三者的にいえば、類推説と感情移入説との双方に共通する前提は「他者についてさしあたり与えられているのは他者の物的身体《ケルパー》とその運動にすぎない」とするものである。私たちとしてはここでシェーラーやカッシーラーに倣って、むしろ他者の身体《ライプ》こそ第一次的な所与なのであり、たんなる運動ではなく表情《アウスドゥルック》が他我にかんする還元不能で原初的な与件であって、またいっさいの表現《アウスドゥルック》の基底であると考えることもできる。じっさいシェーラーを引いて、私は他者の「笑いのなかに喜びを、涙のうちに苦しみと悲痛を、赤らみのうちに羞恥を」直接に知覚すると言ってもよいし[43]、カッシーラーとともに、問題はここで「物的なもの」がいかにして「心的なもの」となるかではなく、「外的なもの」と「内的なもの」とが不可分である次元、すなわち表情知覚まで体験をさかのぼることであると語ることもできる[44]。あるいは、この問題場面ではカッシーラーの決定的な影響下にあるメルロ＝ポンティの口を借りて語りなおすならば、一定の身ぶりは感情の表現ではなく感情そのものであり、身体とは「表情の現象の場」それ自体なのである[45]。

ひとまずサルトルの所論に立ちもどっておくことにする。怒りの表情のすべては「怒りを表現しているのではなく、それらが怒りである」〔EN, 413〕。しかし、それぱかりではない。具体的にはがんらいコップを手にする「ピエールの手」が存在するのであり、他者の「身体はまずひとつの手であって、つぎにその手がこのコップを摑む」と考えるならば、それは「生きている身体の根源に屍体を置こうとする」こととひとしい〔*ibid*, 411〕。なぜだろうか？「屍体はもはや状況のうちに存在していない」（le cadavre *n'est plus en situation*）のに対して、生きた身体はつねに状況のうちで知覚されるからである〔415〕。先ほど対自身体について見ておいたように、ここでもサルトルは、いわば生きられている身体のありかを問題としているといってよい。

サルトルによるなら、そもそも他者の問題を考えようとする場合、論者たちが捉えているのは「他者の身体」(le *corps d'autrui*)ではなく「ひとつの物体」(*un* corps)であった。かくて他者認識にかかわる代表的な理説は、類推説にしても感情移入説にしてもついに他者の認識の可能性を基礎づけることができない。それればかりではない。たとえば、心理学者が他者の心的な状態にかんする経験を論じるとき、「大部分の心理学者にとって他者の存在は確実であるいっぽう、他者について私たちが手にしている認識は蓋然的なものである」。そこに存在するのは、意識されざる「詭弁」(sophisme)なのである〔278 f.〕。他者にかかわる認識が蓋然的なものであるなら、他者の存在そのものも蓋然的なものとなり、また可疑的なものとなるほかはないからだ。他者の認識をめぐる理論は、かくて哲学的な議論であれ心理学のそれであれ、他者の存在を確保するものとなりえない。それらは最終的には他者の存在へと到達することができないはずである。

他者問題をめぐるあらたな問題設定——フッサールの場合

どうしてだろうか? サルトルの認定を引いておく。「他者の存在についての問題の根源には一箇の根本的な前提、他者とはじっさい他なるものである、いいかえれば私ではない私 (le moi qui *n'est pas moi*) であるとする前提が存している」からだ〔285〕。他者とは他我であり、また他我である。「私」の表情からの類推によって、他者の感情に到達することはできない。「私」の感情を投入することで他者の存在を定立することもできない。他者をめぐる思考をあらたな問題設定とともに再開し、他者の存在へと至るあらたな通路を探りあてる必要がある。

サルトルとともに、まずフッサールの所論に注目しておこう。ここではいわゆる「他者構成」をめぐる現象学の創始者の理論の細部よりも、「間主観性」という主題そのものが現象学的思考にあって登場する文脈自体に着目しておく必要がある。

サルトルが早くから親しんだのは、『イデーン』期のフッサールの体系構想であった。その時期にフッサール自身がすでに、世界の間主観的性格という問題の所在に言いおよんでいる。ただし問題は、いうところの「自然的態度」において成立する世界、現象学的還元以前に開示される、固有の意味で現象学的な思考が開始されるてまえの「自然的世界」にかかわって定立されたものだった。『イデーン』第二十九節で、フッサールが「間主観的な自然的環境世界」(intersubjektive natürliche Umwelt) をめぐって記述するところを引用しておく。[46]

> 私自身について妥当するあらゆることがらはまた、私の環境世界にあって目のまえに《フォアハンデン》存在している他のすべての人間に対しても妥当することを私は知っている。かれらを人間として経験することで私はその者たちを、私自身がそのひとりである自我―主観として、みずからの自然的環境世界に関係しているものと理解し、またそのように受けいれているのである。その理解と受容との仕方はしかも、かれらの環境世界と私の環境世界とが客観的に一箇同一の世界であって、その一箇同一の世界がたんに私たちみなにとって、それぞれ相異なる仕方で意識されているにすぎないことを私が把握している、というものなのだ。

世界はもともと自然的態度にあって、他者たちと「私」とが共有する間主観的な世界である。現象学的還元が、しかしこの自然的態度そのものをカッコに入れる。とすれば、この「現象学的な判断停止《エポケー》」によって獲得される「超越論的な自我《エゴ》」は、やはり独我論的存在ということになるのではないだろうか?[47] この疑問に対して、フッサールみずからあらためて答えようとした試みが、サルトルの見るところでは『デカルト的省察』であり『形式的論理学と超越論的論理学』であった〔EN, 288〕。

『省察』の説くところではこうである。現象学的還元(超越論的還元)を経たのちであっても私は、他者を含めた世界を経験している。世界はしかも「間主観的世界」として、つまり「万人にとって現に存在し、その客観において万人にとって接近可能な世界」として経験されている。[48] これが、世界が客観的に存在することの意味なのであり、すなわち世界経験の客観性のために、他者の存在そのものがそれを可能とする条件として必要とされるわけである。

共同現存在という視点――フッサールからハイデガーへ

超越論的自我《エゴ》はかくて単独(*solus ipse*)ではない。ここでフッサールが語りだそうとしているのは、むしろ「超越論的自我《エゴ》の複数性」にほかならない。その問題は「とはいえ現象学にあってもっとも困難な問題のひとつ――おそらくは解決不可能な一箇の問題」なのであった。[49]

フッサールによるいわゆる他者構成の手つづきそのものは、他者の身体の「類比化的統覚」と自己投入による「他我統覚」の二段階を説くものとなる。[50]「類比」と「投入」という操作が他者の存在に到達するものであるかについては、もはや問題としないことにしよう。ここではただサルトルとともに、フッサールにとって世界は「間モナド的」（intermonadique）世界であって、他者は、世界が客観的世界であることを保証する存在として、つねに現に存在すると考えられていることのみを確認しておく〔*ibid.*〕。

晩年のフッサールとともに、「私」と並んで世界を構成する存在者としての他者が、現象学的な思考の地平に登場している。学説史的な経緯からすれば、ここで、間主観性を「すべての主観において先行的に形成されている統一性の構造」として主題化しようとする、現象学派と新カント学派との境界面で展開されたニコライ・ハルトマンの企てにも着目しておくべきところである。[51]とはいえ、当面はやはりサルトルの整理の線に沿って、フッサールによって主題化された問題系がハイデガー『存在と時間』へと継承されてゆく消息に注目しておくことにしよう。

フッサールはたしかに、客観的な世界の構成にとって他者の存在そのものが不可欠である経緯を確認し、世界それ自体が「私」にとって間主観的な世界として現出するしだいを描きとって、超越論的な自我《エゴ》それ自体が複数化すべきゆえんを説いていた。とはいえ、ハイデガーも指摘しているとおり、「自己投入」（Einfühlung）が共同存在を構成するのではなく、かえって共同現存在（Mitdasein）が感情移入《アインフュールング》を可能とする。[52] 共同現存在という自他の存在関係が他者の認識に先行するのである。ことのこのしだいを主張しながら、ハイデガーは以下のように説いていた。

岸につながれたボートはその自体的な存在において、当のボートで漕ぎでようとするだれか知人を指示し、たほう《見知らぬボート》であっても他者たちを指示している。手もとにある周囲世界的道具連関のうちでそのように《出会われる》他者たちは、さしあたりたんに目のまえにある事物にあとから付けくわえられて思考されるのではない。それらの《事物》が世界のがわから出会われて、その世界のうちで事物は他者たちに対して手もとにあるのであって、しかも当の世界はあらかじめすでに・つねに私の世界でもある。[53]

世界の内部で出会われる存在者は、目のまえに（vorhanden）あるわけではない。それらは「私」にとって道具として「手もとに」（zuhanden）存在している。他者たちはしかし目のまえにあるのでも手もとにあるのでもない。他者たちは私と「ともに現にそこに存在して」いる。[54]

ヘーゲル『精神現象学』「自己意識」章をめぐって

ハイデガーはたしかに、他者と私との関係が「根本的に存在と存在の関係であり、認識と認識との関係ではない」ことを見さだめていた〔EN, 300 f.〕。とはいえ、他者との関係を存在関係として捉えるという視角からするなら、サルトルの見るところ、ある意味ではハイデガーそのひとの思考の深度をすでに凌駕していた先蹤がある。ヘーゲルである。

サルトル自身はフッサールの試みに一瞥を与えてから、ただちにヘーゲルにふれ、そのあとでハイデガーの所論へと言及していた。ヘーゲルに対するコメントはつぎのようにはじまる。

年代的な継起にしたがうという規則を遵守しなくてよいならば、ヘーゲルが『精神現象学』の第一巻[55]で問題に対して与えている解決は、私たちにとっては、フッサールの提示する解決に比して、重要な一歩を実現しているように思われることだろう。じっさいもはや、世界の構成や、私の経験的な《自我《エゴ》》の構成にとって、他者の出現が不可欠のものというわけではない。むしろ自己についての意識としての私の意識の存在そのものにとって、それは不可欠なのである。自己意識であるかぎりにおいて、〈私〉（Moi）はみずから自己を捉える。《私＝私》（moi＝moi）あるいは《私は私である》（Je suis je）という同等性がこの事実を表現するものにほかならない。〔*ibid*., 291〕

「自己についての意識」あるいは単純にいって「自己意識」（conscience de soi）章は、『精神現象学』本論首章「A　意識」のあとに置かれ、元来の目次立てでは「Ⅳ自己自身であるという確信の真なるありかた」という標題をも与えられていた。「私＝私」（Ich＝Ich）もしくは「〈私〉は〈私〉である」（Ich bin Ich）は、それ自体としてはフィヒテ的な原理である。[56]この表現をヘーゲル自身は「運動を欠いた同義反復」と呼んで、『精神現象学』の展開はむしろこの原理を実現してゆく運動、あるいはその経験を記述してゆくものとなる。ヘーゲルの所論はどのようなものであり、サルトルはそこになにを読みとってゆくのか？——「対自」「対他」というサルトル用語も、もともとヘーゲルから借用されたものだ。すこしていねいに考えておく必要がある。

2　《視線》の問題——ヘーゲルからサルトルへ

欲望から自己意識へ——ヘーゲル「自己意識」論の展開

他者の存在は「私」の存在とひとしい。他者はそのひとしさにおいて「私」と関係している。そうでなければ他なる存在は他者ではない。他者の存在は、しかし他方、私の存在とことなっている。私とひとしく、それが「私」であるものは他者ではない。他者とは、私にかかわり、私のうちに食いこみつつ私との関係から逃れでて、その関係から溢れだしてゆくもののことである。他者はかくて、私と同等で、同時にまた私にとってあくまで異他的な或る者である。あるいは私とひとしく、かつ私からの差異そのものであることである。他者はかくてまた、それ自体として一箇の問題であり、ヘーゲルにとってむしろひとつの思考の迷路ともなった。

他者であるとは、「私」となんらかおなじ存在の次元に属するものでありながらも、「私」とはことなっているということである。私との同一性と差異性が、他者であることのうちで統一されている。あるいは、同一性と非同一性とが、私の他者という存在の様式をまとって、同一の次元で現前している。他者と私とはそのかぎりで「同一性と非同一性との同一性」という関係のうちにある。いいかえれば、「結合と非結合との結合」という様態にある。——前者はヘーゲルの論理の突きつめた表現であり、後者はヘーゲルの生命観を代表する定式である。ヘーゲルの論理形式は、ある意味ではその生命論を原型としているのであった。

よく知られているように、『精神現象学』におけるヘーゲルは「自己意識」のありかたをまずは「欲望」のうちに見てとっている。そのうえでヘーゲルは、「ひとつの自己意識に対してひとつの自己意識が存在している」ことのありようを見さだめてゆく。いったんサルトル自身のヘーゲル理解からすこし離れて、『現象学』における展開のおおすじだけを辿りなおしておこう。

自己意識の第一の対象は「生命」である。自己意識とは、自己は自己であり、自己以外のなにものも存在しないという確信であるから、自己意識はこの自立的な生命を否定して、廃棄しようとする。つまり、生あるものを捕らえ、我がものとしようとするのであって、そうした自己意識は端的に欲望として存在している。この欲望は、しかしヘーゲルによれば、みずからの「満足」においてかえって「対象の自立性」を経験することになる。なぜなら欲望の満足が対象の否定によって獲得されるものであるかぎり、対象の存在そのものが欲望を可能としているからである。欲望はつまり、かえって欲望の対象によって条件づけられており、みずからが否定すべきものの存在を前提としているわけである。——生命もしくは生あるものは、かくしてほんとうは欲望を満足させることがない。欲望をいだく「私」が真の満足に到達することがあるとすれば、それは欲望の対象そのものがみずから否定を遂行する場合にかぎられる。だから「自己意識はただ他の自己意識においてのみ満足に到達する」。かくしてまたひとつの自己意識に対してひとつの自己意識が存在している（*Es ist ein Selbstbewußtsein für ein Selbstbewußtsein*）[57]と説くのが当面のヘーゲルの論理なのであった。

自己意識に対して、他の自己意識が存在している。ひとつの自己意識に「対して」(*für*)他の自己意識が存在しているとは、自己意識が、当の他のものも自己であり、意識であることを対自的に(*für sich*)知っているということだ。つまり他者が「私」に対して現前し、私はその存在者も自己であることを意識している。現前しているのは他者であり、しかももうひとつの自己意識であって、つまり他者である。自己意識はかくてはじめて真に存在することになる。他者の存在を俟《ま》って、私は「私」となる。「自己意識はそれ自体として、またそれ自身に対して存在しているが、それは、自己意識がひとつの他の自己意識に対してそれ自体として、またそれ自身に対して存在する場合、かつそのことによってである」(Das Selbstbewußtsein ist *an* und *für sich*, indem und dadurch, daß es für ein Anderes an und für sich ist)。——an und für sich という定型句を、ここで即且対自的になどと訳してみても一文の理解には寄与することがない。語られているのは、自己意識が存在するためには、どうしてもつまり絶対に他の自己意識が必要であるという消息である。かくして「自己意識は、ただ承認されたものとしてのみ存在する」[58]。すなわち他の自己意識とその視線とがまとわりついた存在としてだけ存在するのである。

サルトルのヘーゲル評価と「対他」の次元

存在の承認を「私」は他者から獲得する。「内面性への道は他の者を経由している」〔EN, 292〕。ここにサルトルは、ヘーゲルの卓越した発想を見た。『存在と無』から引用する。

かくてヘーゲルの天才的な直観はここで、私を私の存在において他の者に依存させているところにある。私は、とヘーゲルは語る。ひとりの他の者によってのみ対自的に存在する、一箇の対自存在である。それゆえ、他の者が私に侵入するのは、私の核心においてのことである。他の者は、私が私自身を疑うのでないかぎり疑われることができない。なんといっても、《自己意識は、それが他のひとつの自己意識におけるみずからの反響（およびその反映）を知るかぎりにおいてのみ現実的である》からだ。さらに懐疑そのものが対自的に存在する一箇の意識を含んでいるのだから、他の者の存在が、その存在について疑う私の試みを条件づけている。それはあたかもデカルトの場合では、私の存在が方法的懐疑を条件づけているのと同様なのである。〔*ibid.*, 293〕

みずからの存在において「私」は他者に依存している。私が一箇の対自存在でありうるとすれば、それはただ他者によってのみである（un être pour soi qui n'est pour soi que par un autre）。他者の存在は、私自身の存在と同様に不可疑である。他者は、私の核心において私のうちに侵入し、私の存在に食いこんでいる。かくして「対他存在が私自身にとってじぶんの存在の必要条件としてあらわれるのである」（l'être-pour-autrui apparaît comme une condition nécessaire de mon être pour moi-même）〔294〕。

私が対他存在であること、たとえば私が羞恥を感じることは、他者の存在そのものを前提としていた。羞恥は「他者のまえにおける、自己についての羞恥」〔本書、一一三頁〕であるからだ。

対他とは私の、存在の次元でありながら他者をいわば巻き添えにしており、そこでは私の存在そのものが他者の存在自体に浸食されている。

ヘーゲルの用語法において、対他存在とはがんらい一箇の存在論的カテゴリーであった。いわゆる『大論理学』では「或るものと他のもの」（Etwas und ein Anderes）にかかわる思考が展開されている。或るものと他のものは、一方ではともに「現にそこに在るもの」（Daseiendes）もしくは或るものであり、また他方に対してはそのどちらも他のものである。或るものは他のものではないことで当の或るものであるのだから、或るものと他のものはたがいに関係している。「或るものは、じぶんが現にそれではないことのうちで（in seinem Nichtdasein）みずからを保持している。それは本質的にじぶんの非定在《ニヒトダーザイン》とひとつのものであるとともに、本質的にそれとひとつのものではない。したがって、或るものはみずからの他在〔じぶんがそれではないもの〕との関係のうちにある（Es steht also *in Beziehung* auf sein Anderssein）」。他在《アンデルスザイン》との関係のうちにあるとは、他のもの《アンデルスザイン》が一方で或るもののなかにあり、他方では或るもののなかにはないということである。つまりここで「他在とは他のものに対して在ること」であって、すなわち対他存在であることである（es ist *Sein-für-Anderes*）[59]。

対他関係の存在論的次元——《視線》

もとよりサルトルはこの場面でもヘーゲルに対する批判を展開している。批判点のひとつは、ヘーゲルがここでも「ひとつの認識論的な楽観主義」（un optimisme épistémologique）〔EN, 296〕

を犯しているということだ。承認すること（Anerkennen）が認識すること（Erkennen）の一種であるとして、ヘーゲルにおける自他関係はあらかじめ一箇の調和を、つまり相互承認の成立を見込み、それを前提としている。この楽観主義が、サルトルによれば、同時にもうひとつの楽観主義、いわば「存在論的な楽観主義」（l'optimisme ontologique）とでも呼ぶべき、より根底的なオプティミズムと密通していた。後者はすなわち、『精神現象学』「序文」のことばで言うならば「真なるものとは全体である」（Das Wahre ist das Ganze）[60]とする立場にほかならない。

　にもかかわらず、サルトルがヘーゲルの所論のうちに見てとり、見とどけ、みずからの立場としたものがある。それは「他者への私の関係がなによりも、かつまた根本的に存在と存在の関係であり、認識と認識との関係ではない」（mon rapport à autrui est d'abord et fondamentalement une relation d'être à être, non de connaissance à connaissance）という定位、他者問題を存在論的次元において捉えようとする姿勢であり、またそのように捉えることによってのみ「独我論は反駁されうる」とする立場なのである〔EN, 300 f.〕。

　デカルトの場合であれば、「私が考える《エゴ・コギト》」ことが「私が存在している《エゴ・スム》」ことを保証していた。私が思考していること《コギタティオ》が疑いえないかぎり、デカルトにあって私の存在は不可疑である。私が対他存在でもあるかぎり、いまやサルトルにとっては、他者の存在もまた私自身の存在とおなじように疑うことができない。私の存在は他者の存在を巻きこみ、他者の存在に浸食されることでなりたっているからである。そうであるとするならば、「他者の存在にかかわる一種のコギトのようなもの（quelque chose comme un *cogito*）が存在する」〔*ibid*, 308〕はずである。

その或るもの《ケルク・ショーズ》はただのコギト、「私」もしくは自我《エゴ》の内部にとどまるものではない。むしろ、私の対他存在と他者そのものの存在とをあかし立てる「いくぶん拡張されたコギト」（cogito un peu élargi）〔342〕でなければならない。サルトルによれば、この他者を巻きこみ拡大されたコギト、「私」にかかわり、私にかかわることで同時に他者の存在を指ししめして、かくて私の対他存在を明証する経験こそ《視線》（regard）の経験、他者によって私が見られており、他者が私に視線を向けていること（me regarder）の経験、つまり向けられた視線というかたちで他者が私にかかわっている《ム・ルギャルデ》ことの経験にほかならない。

私は他者の視線を感じ、他者からの視線にさらされる。これはそれ自体としては世界の内部で生起する一箇の体験である。とはいえ、この体験がそれ自身として、世界のなりたちにかかわる経験となる。視線を向けられているという経験、この疑いようもない事実が、私自身の世界とはことなったもうひとつの世界、すなわち他者の世界をあかす超越論的な経験となる。あるいは、経験がそのまま不可疑の事実として、他者の存在にかかわる存在論的な水準を開くものとなるのである。サルトルの思考のすじみちを、ややていねいに辿りなおしておく必要がある。

対象としての他者／主体としての他者

サルトルとともに、具体的な場面にそくして考えてゆくことにしたい。

私はアパルトマンの一室にいる。窓のしたには道路があって、道路をはさんで公園が見える。もうすこし仔細に記述してみよう。『存在と無』から引用する。

こちらへ来るのが見えるあの女性、道をとおるあの男性、窓から歌声が聞こえてくるあの物乞い、これらは私にとって対象であり、そのことは疑いない。それゆえ私に対する他者の現前について、すくなくともその様相のひとつが対象性であることはたしかである。しかしすでに見ておいたように、もしそのような対象性の関係が、他者と私自身との根本的な関係であるならば、他者の存在はまったく推測されたものであるに止まる。〔EN, 310〕

窓の外に目を向けると、舗道を女性が歩いてくるのが見え、その向こうを男性が横断しているのが見える。女性は街路樹のかたわらを急ぎ足でこちらに進んでくる。男性は、速度を落とした自動車を避けながら道を横切ってゆく。その場合この女性、あの男性も「私にとって対象」(pour moi des *objets*) であって、この対象というありかた、すなわち「対象性」(*objectité*) についていえば女性も男性も、女性が行きすぎる街路樹も、男性がやり過ごす自動車も同等である。それらはおしなべてただの対象、要するに「私」によって見られているものなのである。

かりにこのような関係、対象として見られることが、私にとっての他者の基本的なありかたであり、私がそれを見ることが、他者に対する私の「根本的な関係」(la relation fondamentale) であるとするなら、他者が現に存在すること自体がたんなる推測であるにすぎない (purement conjecturale)。確認されうるのはただ、「私」のそれと似た身体を携えて、「私」とおなじように運動する存在者が見えているということだけである。ここでは類推であれ感情移入であれ、他者の存在そのものには到達することができない。この件については、あらかじめ私たちなりの視角から前節で見ておいた。

そればかりではない。窓から聞こえてくる歌声が「人間の声であって、蓄音機の歌ではない」ことは、どうやって保証されるだろうか？　それはただ推測されたものであるばかりではなく、むしろ「蓋然的」（*probable*）でもある。そもそもまた、道をとおっている者が「ひとりの人間であって、一箇の完璧なロボットではない」こと自体が「かぎりなく」（infiniment）蓋然的なのである〔以上、*ibid.*〕。ちなみにこれは、デカルト自身に淵源する〝自動人形の懐疑〟にすぎない。

要するに、こうである。対象である他者、サルトルのいう「対象―他者」（l'objet-autrui）は、他者としての他者の経験を与えることができない。他者が他者であるなら、他者は同時に「主観―他者」（le sujet-autrui）でなければならない。他者が他者であるためには、この主観―他者の経験が可能でなければならないのである。どういうことだろうか？　もうすこし考えておく。

「対象―他者」から「主観―他者」へ

他者は私の経験の内部にとどまって、私の経験をさし示すひとつの現象ではない。私が現象において経験するものは対象―他者にすぎないからだ。むしろ「他者は原理的に、私にとって可能ないっさいの経験の外部に位置する諸現象に帰着する」。つまり、他者とはたんに「私が見る者」（celui que je vois）であるだけでなく「私を見る者」（*celui qui me voit*）でなければならない。すなわち他者は主観―他者でもなければならない。そのかぎりでは「他者は、これに対して或る意味で、私の経験の根底的な否定としてあらわれる」。なぜか？　他者は私を見る。私にその視線を向けてくる。つまり、他者とは「その者にとって私が主観ではなく対象であるような者」(celui pour qui je suis non sujet mais objet) であるからだ〔EN, 282 f.〕。ことがらを見とおしてゆくために、「私の知覚野における他者のありふれた出現」〔*ibid.*, 311〕をとり上げておく必要があるはずである。

ふたたび具体的場面に立ちもどってみる。「私」はアパルトマンの一室を出て、公園に向かったとしてみよう。問題場面を設定しようとするサルトルのテクストを引用しておく。

> 私はいま、公園にいる。ここからあまり離れていないところに芝生があり、芝生に沿っていくつかベンチがある。男性がひとり、ベンチのそばをとおる。私はその男性を見る。私はかれを一箇の対象として捉え、同時にまたひとりの人間として捉える。この件はなにを意味していることになるのだろうか？　私がこの対象について「かれはひとりの人間である」と主張するとき、私はなにを言おうとしているのか？〔*ibid.*〕

公園に立ちいった私の知覚野全面にひろがっている芝生、芝生と遊歩道との境界面に規則的に置かれたベンチは、意識の対象《オブジェ》である。それらの対象に私は視線を向ける。私の視線が向けられることで、芝生やベンチはことごとく私にとって対象性《オブジェクティテ》を帯びてあらわれる。

ベンチのかたわらをひとりの男性が通りすぎてゆくのが見える。私はその男性に視線を向け、その者をやはり一箇の対象として捉える。男性がしかし同時に、私によってひとりの人間として捉えられているとすれば、その件が意味するところはなにか？　その対象についてことさらに、ひとりの人間であると主張すること（affirmer de cet objet *qu'il est un homme*）が含意するのは、どのような消息なのだろうか？

男性は、ベンチのそばに、芝生から二メートルほど離れて、地面にすこしばかり体重を負荷しながら移動している。男性に対して適用されたこれらのカテゴリーは、たんなる対象についても使用されることができる。ベンチもまた芝生のてまえに、他のベンチから二メートルほどの間隔をおいて並べられている。真鍮製のベンチの重量はなんキロくらいになるのだろうか。こうして男性についてもベンチにかんしても、その位置と距離と重量を語ることができる。――ここではとりわけ二メートルほどの距離――サルトルの設例に合わせて「二メートル二〇センチ」としておこう――をめぐって考えなおしてみる。この距離、一般的にいえば空間中の隔たりのありかたが、男性をたんに対象と考える場合と、当人を同時に人間と捉える場合とで、注目すべき差異を示してくる。つまり、サルトルのいう対象―他者と主観―他者との差異を拓いてゆくのだ。

他者の「視点」という超越論的な次元

いま、ベンチとベンチとのあいだにひろがっている距離は二メートル二〇センチであり、芝生と男性のあいだにもおなじ距離がひろがっているものとする。ひとつのベンチにとって、となりのもうひとつのベンチが二メートル二〇センチだけ離れて置かれていることは、本質的な意味を持っていない。二メートル二〇センチという距離、この空間的関係はベンチにとって（サルトルがここで使用している表現によれば）「たんに付加的」（purement additif）な関係であるにすぎない。たんに付加的であるとはつまり、追加されたものであるかぎりは、それを除去することも可能なものであるということだ。その距離（位置関係）を消去してもベンチはベンチであって、二メートルほどの隔たりはベンチに対して「どちらでもよい」（indifférent）規定であり、ベンチがベンチであることとは無関係な関係にほかならないということである。

いま視界のうちに捉えられた男性にとってはそうではない。その男性が対象として捉えられると同時に、人間として捉えられる場合には、ことの消息がおなじではない。

どうしてだろうか？「その男性を人間として知覚することとは、これとは反対に、ベンチからその者へとひろがる、付加的ではない一箇の関係を捉えていること」であるからだ。付加的ではない関係、あるいは関係が追加的ではないとは、どういうことか？ 男性が人間と捉えられたとしても、芝生は依然として男性からは二メートル二〇センチのところにある。ベンチがとなりのベンチから二メートル二〇センチ離れて置かれているのと同様である。ただしおなじ二メートル二〇センチという距離が前者の場合、「私の見ているその男性から出発して、芝生にとどくまで」（*à partir* de l'homme que je vois et *jusqu'à* la pelouse）、独特なかたちでひろがっている。私はしかも、男性の視線の方向を見てとり、かれが芝生を見ているのを見てとっている。関係は、この場合には「距離を超越すると同時に距離を含んでいる」。あるいは距離を含みながらも距離を超越している。男性の視線は約二メートル先のその場所に伸びていって、二メートル二〇センチ離れている芝生をその場所で捉えているからだ〔この点については本書、九〇頁以下参照〕。人間が対象を見ているとき、なりたっているのは「部分を欠いて、一挙に与えられるひとつの関係」である。関係が「私」に対して開かれた関係ではなく、人間である他者に対して披かれている関係であるかぎり、ここで含まれているものは「私の空間性ではない一箇の空間性」(une spatialité qui n'est pas *ma* spatialité)にほかならない。そこには、私のそれとはべつの定位の中心があり、「私から逃れる定位」(orientation *qui me fuit*)の中心がある。

他なるものが、同時に人間として捉えられるとは「私の宇宙の統合を解除するひとつの要素が出現すること」である。私をパースペクティヴの原点として開かれていた世界が、とつぜん解体する。それは、パースペクティヴのもうひとつの中心が現出することによってである。あるいはむしろ、もうひとつの宇宙が出現することによってである〔以上、EN, 312〕。「かくて突然ひとりの対象があらわれ、私から世界を盗みとったのだ。すべてはもとの場所にある。いっさいはなお私に対して存在する。とはいえ、あらゆるものは不可視の逃亡によって横切られ、ひとりのあらたな対象に向かって凝固している」〔*ibid*, 313〕。他者もまた、それらすべてを見ているからだ。他者の視点とは、宇宙を構成するもうひとつの超越論的次元にほかならない。

他者の「視線」という超越論的な空隙

けれども他者が、たんに私にとっての対象を見ているものであるならば、そのような他者は、私にとってやはりなお対象──他者であるにすぎない。他者が同時に主観──他者であるとすれば、そのような「主観―他者と私の根本的な結合は、他者によって見られるという私の不断の可能性に帰着するはずである」。他者は世界内部のさまざまな対象を見るばかりではない。他者はまた私に視線を向けて、私を視線によって捕える。他者によって見られる（être-vu-par-autrui）というこの関係を、私はじぶんの存在から導出することができない。またその関係を対象―他者というありかたから導きだすことも不可能である。私が他者によって見られるとは、一箇の還元不能な事実である。主観―他者、他者としての「他者とは原理的に、私に視線を向ける者のことなのである」（autrui est, par principe, *celui qui me regarde*）〔314 f.〕。――他者が出現する以前には、世界は「私」をパースペクティヴの中心として拡がっていた。私は宇宙のすべてを対象とする、それ自身は対象ではありえない純粋な一箇の主体、世界に対する超越論的な主観であった。他者が私に視線を向けることで主観のこの権能が停止され、私の宇宙に「ひとつの排水口」（un trou de vidange）が穿たれる〔313〕。世界はもうひとつの中心に向かって流れだしてゆく。他者とは私の宇宙に登場する一箇の超越論的な空隙である。

他者は世界に外部から侵入して、世界を私の世界として構成しなおし、かくてまた私の世界を世界それ自体としては失墜させる。他者とは世界自身にとって不可避の空隙、超越論的な空所である。間隙はしかも私の世界のいたるところに穿たれている。他者の視線は、世界のすみずみに立ちあっているからだ。「もちろんたいていのばあい視線をあらわすものは、ふたつの眼球が私に向かい収斂することである。とはいえ視線は木々の枝のすれあう音、足音につづく沈黙、半開きの鎧戸、カーテンのかすかな揺らめき等を機縁として同様に与えられるだろう」〔315〕。

私は他者の視線を見る、といわれる。考えてみれば、これはそれ自身ふしぎな経験ではないだろうか？　私は他者の顔を見る。またその部分を、たとえば耳や鼻を見る。ひとはしかし他人の耳や鼻を見るように、その目を見ることはできない。シェーラーが主張していたとおり、人間は他人の目を見るとき「眼」（Auge）そのものより、あるいは「それ以前に《視線》（Blick）という統一された表情」を捕えてしまう。[61]だから私たちは、他人の眼ばかりか「《その者が私を見つめていること》、さらには《私を見つめているのを私が見てとることを避けるかのように私を見つめていること》すらも見てとっている！」[62]視線を見ることにかんする、ひとつの謎である。

もうひとつ謎がある。ひとは他者の視線の方向を見てとることができる。しかも、他者の目とその視線が向かうものとを見くらべて判定するのではない。眼を見ただけで（たとえば、動画や写真に写った目だけでも）ひとは視線の方向を見わけることができる。廣松渉が、主著の主巻で強調していたところである〔『存在と意味』岩波書店、一九八二年、一〇七頁以下〕。

鍵穴の向こう、背後の気配——窃視する「私」

他者の視線にはさらに第三の謎がある。『存在と無』からの最後の引用がその謎にふれていた。視線とはたんなる眼球の「収斂」、「私」に向けられた集中ではない。視線とはまた「木々の枝のすれあう音」であり、「足音につづく沈黙」であり、さらに「半開きの鎧戸」、また「カーテンのかすかな揺らめき」ですらある。視線とはつまり目に対して与えられるもの、視覚にとっての所与であるとはかぎらないということだ。視線はむしろひとつの感触、他者の気配、他者が他者であることに由来する一箇の圧力、あるいは主観―他者の現前にともなう無言のざわめきめいたものでもある。

サルトル自身の設例に立ちもどってみよう。よく知られた所論であるけれども、念のため確認しておく。

目のまえの部屋のとびらは閉ざされているが、なにかが内部で起こっている気がする。「私」は「嫉妬から、興味にかられ、あるいは悪癖によって」耳をつけ内部の音をうかがい、さらに鍵穴に目を当てて、部屋のなかを覗いてみようとする。いま廊下にはだれもおらず私ひとりで、私は覗きという行為に熱中し、我を忘れている。私は覗きという行為そのものであって、私はじぶん自身について「非措定的な意識の水準」にある。私がそこで有しているのは自己（についての）非定立的意識にすぎない〔EN,317〕。

> ところがとつぜん廊下から、足音が聞こえた。だれかが私に視線を向けているのだ。このことはなにを意味するのだろうか。それは、私がとつぜん私の存在において襲われるということである。本質的な変様が私の構造のなかに現出する。――この変様を私が捉えて、概念的に確定することができるのは、反省的なコギトによってである。〔*ibid*, 318〕

だれかが視線を向けている。ひとが「私」を見ている（on me regarde）。私は狼狽し、羞恥を覚える。この羞恥の感情は前反省的な次元のものであってよい。変様した構造を捉えるためにはしかし反省的なコギトが必要である。サルトルの認定をかんたんに跡づけてみる。

他者の視線——私の可能性を固体化し他有化するもの

足音が聞こえるまえ「私」は覗きに夢中であって、私は窃視という行為そのものであった。私は私の世界とかんぜんに一致していた。しかしいまや現前した他者が、私からその世界を奪っている。私の世界は「他有化されて」(aliéné) いる。「世界は世界の外部に流出し、私は私の外部に流出する」(le monde s'écoule hors du monde et je m'écoule hors de moi)〔319〕。他者の視線が私自身のさまざまな可能性を「固体化」し「他有化」してしまっている (solidification et aliénation de mes propres possibilités)。私に残されているかに見える可能性、たとえば廊下の薄暗い片隅に身を隠すといった可能性は、それ自体たとえば他者が手にしている懐中電灯という脅威にさらされ、その潜在性に繋ぎとめられたものであるにすぎない。私の諸可能性は、他者の視線のまえで死滅する。私の可能性のすべては、あらかじめ他有化されている。「私のいっさいの可能性は私から遠くはなれて、世界のただなかで、世界の諸対象とともに組みあわされている」(toutes mes possibilités qui sont agencées loin de moi, au milieu du monde, avec les objets du monde)〔321-323〕。——かくていまや「私」が他者にとって対象である。他者はそれじしん主体となる。他者がここでは「超越する超越」(transcendance transcendante) であり、他者が主観—他者として現前している。もうすこし考えておく必要がある。

3　サディコ＝マゾヒズム——性愛の挫折と言語の本質

他者は「私」にとってたんなる対象でありうる。私はその他の対象とならんで他者に対しても視線を向け、他者を私の対象とすることができる。いっぽう他者もまた私とおなじように対象に目を向け、対象を見て、「私の見ているものを見ている対象」（l'objet qui *voit* ce que je vois）となることができるが、他者はその場合もなお私にとって対象―他者であるにすぎない。

たほう他者が私に視線を向けるとき、他者のその視線は私の世界を融解させる。他者としての他者、主観―他者とは「原理的に私に視線を向ける者（*celui qui me regarde*）」のことであり、世界における「ひとつの内出血」（une hémorragie interne）にほかならない〔以上、EN, 314 f.〕。――他者は私に固有の世界を、私から奪いとる。他者の視線の先端が私の世界に突きささり、私に固有の世界は融解して他有化される。私の世界が私の世界そのものの外部へと流出して、同時にまた「私」自身が私の外部に流れだしてゆく。前節の末尾で確認したところである。

視線そのものである他者、私をその視線によって捕える他者は「原理的に対象ではありえないもの」である。私はじぶんの眼が《見ているのを見る》ことすらできない〔本書、八八頁参照〕。まして他者の眼が《見ているのを見る》ことは可能ではない。視線であるかぎりでの他者を対象として捉えることはできない。他者の視線の背後にまわり、他者にとっての世界、もうひとつの宇宙の背後にまわって、他者というもうひとつの超越論的な視点から世界を見ることは不可能である。つまり「視線の現象において、他者は原理的に対象でありえないものである」。

他者とは私に視線を向けている者であり、そのかぎりでは私がまだ視線を向けていないもののことである。「他者とは私の逃亡の手の届かないところにある具体的な極であり、私にとってさまざまに可能であることの他有化の極であり、ひとつのべつの世界への世界の流出の極である」(il est le pôle concret et hors d'atteinte de ma fuite, de l'aliénation de mes possibles et de l'écoulement du monde vers un autre monde)〔以上、327 f.〕。他者が私の世界を、その外部へと流出させる。他者の視線が私の世界を融解させるとはこのことにほかならない。

「相克」としての対他関係、サディコ＝マゾヒズムの成立

他者の視線は世界が私にとって世界であること、世界が私の世界であることを破壊する。他者の視線は「視線を向ける視線であって、視線を向けられる視線ではない」。その視線は、すなわち「諸対象に対する私の距離を否定し、他者自身の距離を繰りひろげる」〔328〕。

こうして他者の視線の出現は、世界の内部での出現ではない。《私の世界》のなかでの出現ではなく《他者の世界》のうちでの出現でもない。私と他者とをむすぶ関係は、世界内部での外面性の関係ではない。むしろ他者の視線によって私は、一箇の世界のかなたが存するという具体的な経験を手にする。他者は私の超越ではない一箇の超越として、なんらの媒介も

なしに私に対して現前的である。〔328 f.〕

他者の視線の出現は世界の内部での出現（apparition *dans le monde*）ではないとは、他者の視線は「私の世界」のなかにあらわれるものではないということである。他者の視線は、しかしたほう「他者の世界」のうちで出現するものでもない。それは、世界の内部で出現するものではなく、世界を出現させるもの、世界を可能とする超越論的な次元であるからだ。他者の視線が私に示唆するのは、私の世界にはその「かなた」（un au-delà）が存在するということである。あるいは他者とは「私の超越ではない一箇の超越」（une transcendance *qui n'est pas la mienne*）であり、私の世界ではないもうひとつの宇宙の超越論的な中心であることである。他者は、かくて主観―他者として私に対して直接に現前する。主観―他者はそれ自身すべてを対象化し、世界を対象化する視線であることでもうひとつの宇宙の中心であり、そのことで「無限の存在によって私から隔てられて」（séparée de moi par l'infini de l'être）いる〔329〕。

対象―他者とは、視線を向けられている視線である。主観―他者とは、これに対して「視線を向けている視線」（regard-regardant）であり、そのかぎりで他者は私の世界にも他者の世界にも属していない。主観―他者は、だから「まさしく世界には所属していない」〔331〕。他者としての他者とは世界に所属するのではなく、世界を従属させるものであるからだ。他者の世界に、対象としての私もまた帰属する。他者の視線が私を対象化し、私の世界を他有化するとは、この件にほかならない。私の視線において経験されていたのは、あらゆる対象に視線を向ける私の絶対的自由であった。他者の視線の体験にあって開示されるのは、これに対して他者の「無限な自由」である。他者の視線のなかでいっさいの「私の諸可能性の死」が帰結する。「そのことで私に体験されるのが他者の自由（la liberté d'autrui）なのである」〔329 f.〕。

論点の最初から振りかえってみる。サルトルによれば、身体はその特殊な性格として、本質的に他者によって認識されるものなのであった。身体のこの存在様式とともに対他存在は発見される〔本書、一一一頁以下〕。対他存在としての「私」は、一箇の身体的存在として、他者の視線にさらされる。たとえば鍵穴から窃視しているぶざまな存在としてさらされ、私はいっしゅん身体ごと硬直し、固体化して、いわば即自と化してしまう。私は自由な超越、超越する超越を奪われ、超越される超越となる。「私」は視線を向けられる者となる。私はしかし他者に視線を向けかえすことができる。他者はそのとき主観―他者であることを止めて対象―他者となり、他者のがわがかえってたんなる身体的存在となる。――他者との関係は、かくてサルトルにとっては、原理的に、超越し超越される闘争である。あるいは「相克が対他存在の根源的な意味である」（Le conflit est le sens originel de l'être-pour-autrui）〔EN, 431〕。かくてまた、サディコ＝マゾヒズムだけが、他者とのあいだでただひとつ可能な関係となるだろう。

他者に視線を向けられる「私」、他者に所有される「私」

私の世界に立ちあらわれる他者、世界の内部における他者、つまり「対象―他者」に対しても私は、他者の超越をみとめ、その自由をみとめる。「しかし私はそれを、超越する超越としてではなく超越される超越としてみとめる」だけである〔ibid, 352〕。他者は「私」によっていわば飼いならされており、他者の自由は私を脅かすことがない。他者を私の視線によって捕らえて、その超越を中和し、解除することは、いってみれば私が対象―他者に対してふるうことのできる詭計にほかならない。「けれどもそれらの詭計のすべてが崩れさり、私があらためて他者の変貌を体験する」ことがある。あるいはそうした体験の可能性が、私に対していつでも開かれている。そのためには「他者の視線ひとつあれば十分である」(il suffit d'un regard d'autrui) からだ。かくて対象―他者であっても「私が気づかいながら取りあつかう爆発物のようなもの (un instrument explosif)」となる〔358〕。

他者の視線が「私」に向かって炸裂し、対象―他者は変貌し「主観―他者」となる。そのとき他者の視線は、私をたんなる身体として捉え、私の超越する超越を捕らえて、私の自由を宙づりにしてしまう。「他者の出現は、その核心において対自に襲いかかる。他者によって、また他者にとって対自の追求する逃亡は即自へと凝固する」。「他者が私に視線を向けている。そのような者として他者は私の存在の秘密を握っている。他者は私がなんであるかを知っている」。かくて「私の存在の深奥の意味は私の外部にあって、一箇の不在のうちに閉じこめられているのである」(le sens profond de mon être est hors de moi, emprisonné dans une absence)〔429 f.〕。

これは、私の存在が他者によって所有されるということだ。「相克が対他存在の根源的な意味である」しだいを宣言した一文に接続する段落冒頭から引用しておく。

もし私たちが視線としての他者という最初の啓示から出発するなら、私たちが承認せざるをえないところであるように、私たちは、じぶんが捕らえることのできない対他存在を所有というかたちで体験することになる。私は他者によって所有される。他者の視線が私の身体をその裸形において捉え、それを生まれさせ、彫刻し、それをあるがままに産出して、私にはけっして見えないだろうすがたのままにそれを見る。他者はひとつの秘密を握っている。「私がなんであるか」についての秘密である。他者は私を存在させ、ほかでもなくそのことをつうじて私を所有する。そしてこの所有は、私を所有しているという意識以外のなにものでもない。〔431〕

マゾヒズムの成立——あるいは、他者の自由と「愛」の不可能性

主体としての他者、主観—他者とは「視線としての他者」(autrui comme *regard*) であった。視線である他者は私の対他存在、私自身のものでありながら私自身がそれを捕らえることのできない対他存在を所有し、「私は他者によって所有される」(Je suis possédé par autrui)。他者の視線が、私の身体の輪郭を捉える。私の身体の輪郭が他者の視線のもとでつくり出され、「産出」される。私はじぶんの身体の全貌をけっして見ることができないが、他者はそれを捉えることができる。他者こそが「私がなんであるか」についての秘密を握っている。「他者は私を存在させ、ほかでもなくそのことをつうじて私を所有する」(Il me fait être et, par cela même, me possède)。他者はその意識において私を所有するのである。他者におけるサディズムの成立であり、同時に

また「私」にかんしてはそのマゾヒズムの成立にほかならない〔*ibid.*〕。

マゾヒズムにおいても私はじぶんの存在の「責任者」であるけれども、その存在の「根拠」ではない。マゾヒズムに陥りながらも、だから私はじぶんの存在を取りもどそうとする。そのために、私はほかでもない「他者の自由」を手にしなければならない。「それゆえ、私自身を取りもどそうとする私の試みは、根本的にいって、他の者を再吸収しようとする企て（projet de résorption de l'autre）となる」。私は他者を「その他性のままに（dans son altérité）私と合体させようとする」。そのため私は他者に、他者の自由に働きかける。私はつまり他者に対して愛をこころみ、愛をくわだてる。この試み、この企て、すなわち愛は、けれども必然的に挫折する。愛は不可能である。愛が他者との合一であるなら、愛は他者が他なるものであることを否定することにほかならないからだ。愛において「他者の他性という性格」が必然的に消滅してしまう（disparition du caractère d'altérité d'autrui）。愛という合一の試み、他者との一体化の企てが帰結するものはかえって他者との相克であり、愛こそがむしろ「相克の源泉」となる〔432 f.〕。

この実現不可能な理想は、それが他者の現前における私自身の企てにつき纏うものであるかぎり、愛には同化されえないものであるが、それは愛がひとつの企てであり、すなわち私自身の諸可能性に向けられた企ての、一箇の有機的総体であるかぎりにおいてのことである。しかしながら、この実現不可能な理想こそ愛の理想であり、愛の動機とその目的であって、愛に固有な価値である。他者に対する第一次的な関係としての愛は、私がこの価値を実現しようと目ざす、その企ての総体である。

それらの企てによって私は、他者の自由との直接的関係に置かれる。この意味において、愛とは相克なのである。〔433〕

愛において「私」は他者と合一しようとする。それはたしかに「愛の理想」である。ただし、「実現不可能な理想」（idéal irréalisable）である。愛において、私は他者の自由と直接に関係しようとする。愛はかくして、むしろ相克を帰結する。――プルーストの小説のなかで、主人公のマルセルはアルベルティーヌをじぶんのアパルトマンに住まわせて、かの女を手の届くところに置いておこうとする。マルセルはいつでもアルベルティーヌに会うことができ、つねにアルベルティーヌを支配し、所有することができる。けれどもアルベルティーヌは、マルセルのかたわらで、マルセルから逃れる。アルベルティーヌが眠っているときしか、マルセルは愛の休息を得ることができない。「愛は《意識》を虜にしようとするものである」（l'amour veut captiver la « conscience »）からだ〔433 f.〕。

「所有」から「誘惑」へ――ふたたびヘーゲルからサルトルへ

ヘーゲルとサルトルとの関係を考えてみようとするときにあらためて注目されてよい、青年期ヘーゲルの断片が残されている。サルトルが『存在と無』を執筆したときおそらくサルトル自身には知られていなかった遺稿である〔断片「愛」一七九七／九八年〕。

身体を携えて「私」は誕生し、私は身体として存在する。ひとは身体により相互に区別され、また身体を有することで死すべき者となる。とはいえ「愛」という合一はほんらい「生きた者のあいだでのみ生じる」[63]。とすれば、愛は身体の個別性をも乗りこえるものでなければならない。だから、各人が身体において分離可能であること、各人による身体の「所有」が愛しあう者たちを困惑させる。身体という「個体性に対して愛がおぼえる焦燥が羞恥（Scham）である」[64]。羞恥とは不安であり「恐れ」（Furcht）であり、愛という合一を喪失することへの恐れである。

ヘーゲル自身はやがて愛の理想を手ばなし、よく知られているように『精神現象学』においてはむしろ「主人と奴隷の弁証法」について語りだすようになる。生死をめぐる闘争の果て、それだけで存在しうる対自存在（Fürsichsein）としての主人、主人に対してのみ存在し、対他存在（Sein-für-Anderes）であるほかはない奴隷が生まれる。奴隷は主人のために労働し、それゆえ事物の自立的側面は奴隷に委ねられ、主人は加工された事物を純粋に享受する。この労働という契機が主人と奴隷の立場を逆転させて、主人という「自立的な意識は、ほんとうは奴隷の意識である」[65]ことがあかされる。――ひとは他者を支配して、他者を所有しようとする。それは他者の自由に働きかけ、他者からその自立性を剝奪しようとする試みである。けれども、所有され支配されて対象となった他者はもはや他者ではない。私が支配しようとしたのは他者であったのに、所有されるのはたんなる対象であるにすぎない。支配し所有しようとする企てが、かえって他者の自立性を開示する。ヘーゲルが主人と奴隷との逆転を介して語ろうとすることの消息であり、それはまたサルトルが深くヘーゲルから学んだところである。

ヘーゲル「自己意識」論における主人と奴隷、サルトル「対他存在」論にあっての恋人たちのあいだにはあきらかなアナロジーが存在する。サルトル自身がみとめているとおりである。一点において、とはいえアナロジーは停止する。ヘーゲルの「主人」も奴隷の自由を要求する。だがそれは暗黙のうちに要求されるにすぎない。サルトルの所論では「恋する者は、なによりもまず恋する相手の自由を要求する」(l'amant exige *d'abord* la liberté de l'aimé)〔EN, 437 f.〕。

恋するひとは、じぶんが恋している者の自由を前提とすることなく、相手を恋することができない。相手を所有しようとする企ては、第一に、他者の自由に働きかけようとする試みである。恋がひとつの企図であるとすれば、恋することはそれゆえ相手を誘惑しようとする企てとなる。「恋する者はそこで相手を誘惑しなければならない。その者の愛は、誘惑という企てと区別されない」(L'amant doit donc séduire l'aimé ; et son amour ne se distingue pas de cette entreprise de séduction)〔*ibid*., 439〕。

誘惑することば、もしくは言語の本質

『精神現象学』で展開されたかぎりでは、ヘーゲルの相互承認論は「道徳性」とりわけ「良心」が主題化される段階にいたってひとつの頂点をむかえる。ヘーゲルに特異な良心論のなかで考察される論点のひとつは「ことば」の問題にほかならない。『現象学』におけるヘーゲルによれば、ことばは「精神の現存在」であり (die *Sprache* als das Dasein des Geistes)、ことばとは「他者に対して存在する自己意識」(das *für andere* seiende Selbstbewußtsein) であるからだ[66]。要する

にヘーゲルにあって、ことばとはすぐれて一箇の対他存在であるということである。

サルトルは誘惑という対他関係について語りながら、暗黙のうちにこの点でもヘーゲルに同意する。一般的にいえばたしかに、誘惑する試みは「ことばを前提とする」。恋する者は、ひとまずことばを尽くして相手を誘惑しようとするからだ。しかしサルトルに言わせれば「むしろ誘惑の企てこそがことばなのである」（nous dirons mieux : elles *sont* le langage）。なぜだろうか？「ことばは対他存在に事後的に付加される一箇の現象というわけではなく、ことばとは根源的に対他存在である（il *est* originellement l'être-pour-autrui）」からだ〔EN, 440〕。

この間の消息を具体的に説きあかそうとするサルトルのテクストには、ひとつの言語論として興味ぶかいところがある。『存在と無』の対他存在論は、恋する者による誘惑という——それ自体としても、哲学書中の話題として例外的であるかもしれない——問題に引きよせて、むしろ言語そのものの本質をめぐって語っているのである。ややながく引用する。


けれども、魅力的な言語を発見しようとするこの最初の試みにさいして、私は手さぐりを繰りかえすことになる。私はただ、他の者にとってのじぶんの対象性という、抽象的で空虚な形態に導かれるだけだからである。私はじぶんのしぐさや態度のさまざまが、どのような効果を有するかすら捉えることができない。私のしぐさや態度は、それらを超出する一箇の自由によってつねに取りもどされ、根拠づけられるからであり、私のしぐさや態度は、この〔他者の〕自由がそれらに一箇の意味を附与するのでないかぎり、なんの意味も持ちえないからである。それゆえ私のさまざまな表現の《意味》はつねに私から逃れでてしまう。私はじぶんが意味しようとしていることをはたしてみずから意味しているのかどうか、けっして正確に知ることができないし、はたしてじぶんが意味するものとなっているのかどうかさえ精確にはだんじて知ることができない。〔*ibid*., 441〕

他者に対して「私」がどのようにあらわれるか、いわばこの「他の者にとってのじぶんの対象性」（mon objectité pour l'autre）を決定しうるものは「私」ではない。ことばや身ぶり、態度やしぐさに意味を与えるのは私自身ではない。それらの意味を解釈することは、文字どおり他者の自由に委ねられている。私のこころみる意味作用が成功しているのかどうか、そもそも意味作用となっているかどうか。それを決定するのも私ではない。私の語ることばは「つねに私から逃れでてしまう」（m'échappe toujours）。言語の本質であり、ことばを使用することをめぐる、それは逃れがたい運命であり、ことばを語る者のひとつの宿命である。

言語の挫折、マゾヒズムの挫折、サディズムの登場

他者が、私のことばに意味を与える。私が語るひとつひとつのことば、私の示すひとつひとつのしぐさ、試みられる表現のひとつひとつが、他者というレアリテ、この他有化するレアリテを私に具体的に体験させる（épreuve concrète de la réalité aliénante d'autrui）。他者のみが私のことばに意味を与えるのは、他者が自由だからであり、他者が一箇の超越であるからである。私

は他者に語りかける。そのかぎりでは他者は「世界のうちのひとつの対象である」。他者のみが、しかし私のことばに意味を与える。そのかぎりで他者とは「世界のかなたにおける一箇の超越」(une transcendance par delà le monde)にほかならない〔EN, 441 f.〕。「私」は他者にとっての自己の身体、私の対他身体について知ることができない。私はじぶんが微笑んでいるのを見ることができず、みずからが語っているのを聞きとることもできない(Je ne puis m'entendre parler ni me voir sourire)。対他存在としての言語の問題は対他身体の問題と並行している〔*ibid.*, 442〕。——他者に訴えかけるとき私は、じぶんを意味することそれ自体と化し、全身を記号それ自身と化している。およそ記号は繰りかえし反復的に使用され、反復可能であることで記号となるかぎり、いっさいはすでに語られている。他方でしかし記号の反復可能性は、この私がいま・ここで意味することを保証しない。すべてはいまだかつて語られたことのないものなのだ〔拙著『差異と隔たり』岩波書店、二〇〇三年、二〇六頁以下参照〕。

ことばはかくて挫折し、マゾヒズムもかくてまた挫折する。マゾヒズムは他者の自由を捉え、その他性を捕えようとする。そのかぎりでは「マゾヒズムはそれ自体として一箇の挫折であり、また挫折でなければならない」(le masochisme est et doit être en lui-même un échec)〔EN, 446〕。——マゾヒズムはあらかじめ挫折している。その挫折とともに「他者に対する第二の態度」が登場することだろう。サディズムがそれである。

サディズムの名のもとに『存在と無』が記述しようとするのは、性的欲望そのもののかたちである。ただし性的欲望一般ではなく、最終的に或る特殊な形態におけるその欲望であり、ボードレールを論じるサルトルのことばを使うならば、それはむしろ「欲望における孤独」(la solitude du désir)にほかならない。――ボードレールが手にしようとしたのは「愛する相手の冷たさ」であり、無関心な美しい肉体を眺め、眼で愛撫することだった〔B, 117〕。「かれは距離をおいて相手を所有しながら、じぶんの身を守っている」(il possède l'autre à distance et il se garde)。ボードレールは「見る者」でありつづけ、本質的には「オナニスト」であるほかはない。

詩人はもともと生を恐怖しながら、生の恍惚を求めていた〔以上、*ibid.*, 72 f.〕。サディストもおなじであり、サディズムを論じるかぎりでのサルトルもまた同様である。サルトルの性愛論を『存在と無』において展開された範囲ですこしだけ見ておこう。

性的欲望と混濁、混濁としての性的な欲望

サルトルによれば性的欲望とはそもそも、他者が私にとって対象であることを介して、他者の「自由な主観性を奪いとろうとする」根源的な試みである(Ma tentative originelle pour me saisir de la subjectivité libre de l'Autre à travers son objectivité-pour-moi est le *désir sexuel*)〔EN, 451〕。その欲望を解発するのはとりあえず他者の身体であり、他者の身体の部分である。つまり「腕であり、ちらりと見えた胸であって、ときには足であったりもする」。とはいえ、腕やはだけた胸が欲望されるのは「有機的全体としての身体全体の現前」が背景となっている場合である。「たしかに惑乱させるのは身体である」(Certes c'est le corps qui trouble)〔*ibid.*, 454〕。身体によって惑乱されているがゆえに、性的欲望は濁ってねばねばしている。

欲望する人間はひとつの特殊な仕方でじぶんの身体を存在し、かくてまた欲望する人間は一箇の特殊な存在の次元に身を置くことになる。実際だれもがみとめるように、この欲望はたんに羨望ではない。羨望は私たちの身体をとおして或る対象を目ざすものであって、それは澄んだ半透明なものである。〔性的〕欲望の場合には混濁と定義される。しかも「混濁」というこの表現は、私たちが欲望の本性をいっそう適切に規定するさいに役だつことだろう。私たちは濁った水を透明な水と対比させ、濁った瞳を澄んだ瞳と対比させる。濁った水は、それでもなお水である。濁った水は、その流動性やその他の本質的な特徴を保持したままである。とはいえ、水の半透明性は、捉えられない一箇の現前によって《濁らされて》いる。捉えられないこの現前は水と一体となっており、いたるところに存在しながらどこにも存在せず、水のそれ自身による粘着として与えられている。〔455 f.〕

羨望（*envie*）は混濁していない。羨望は澄んで半透明である。性的欲望は「透明な水」（une eau transparente）と対比される「濁った水」（une eau trouble）のように濁っている。それは「混濁」（*trouble*）である。濁った水が「それ自身による」粘着であるように（un empâtement de l'eau par elle-même）、性的な欲望は身体に纏わりつかれて、そのことで、意識はいわばねばねばさせられている（la conscience est comme empâtée）〔457〕。あるいは混濁しながら「欲望する存在とは、自己を身体とする意識（la conscience *se faisant corps*）なのである」〔458〕。

性的欲望の挫折とサディズムの挫折

私の身体はふつう状況に向けて動作を開始している。たとえば、蛇口を捻るために手のひらを丸めている〔本書、九五頁以下〕。他者の身体もまた「状況における身体」(corps en situation) である。「肉体は通常、化粧や衣服によって被われて、なによりさまざまな運動によって蔽われている」。裸形で躍動するダンサーほど裸体から遠く、肉体から遠いものはない (rien n'est moins « en chair » qu'une danseuse)。性的欲望は他者の肉体を所有しようとする欲望である。欲望は「相手の身体からその衣服とともに運動も取りさって、その身体をたんなる肉体として存在させようとする」〔EN, 458 f.〕。だから、欲望に囚われた者は身体の「形態」よりその「素材」に敏感となり (「ぶつぶつがある、すべすべしている、なまぬるい、脂ぎっている、ざらざらしている等々」)、じぶんの身体の素材にも過敏となる (「私のシャツが私の肌にさわり、私はそれを感じる」)。相手の肉体もじぶんの身体も汗ばみねばついて、世界そのものが鳥もちで捕えられたかのようにねばねばしてくる〔*ibid.*, 461〕。

たしかに「私」は「他の者の身体を所有すること」を欲望している。私はものとしての肉体を領有し支配したいのだ。私が所有することを欲しているのは、「純粋な超越でありながら、しかも身体であるような他者の超越」(la transcendance de l'autre comme pure transcendance et pourtant comme *corps*) である。これが性的欲望の「実現不可能な理想」にほかならない〔463〕。かくて「性的欲望はそれじしん挫折へといたる運命に身を委ねて」〔466〕、サディズムそれ自体も挫折する。——サディズムが追求しているのは他者の自由であり、サディストにとっては「行為という衣服が脱がされ」肉体を露出させている他者〔471〕、「歪んだすがたで喘いでいるこの身体が、打ちくだかれ屈従させられた自由のイマージュそのもの」〔474〕となる。だが、サディズムは挫折する。他者の自由は「到達可能なものの外部にありつづける」〔476〕からである。

愛はそれ自身のうちにじぶんの挫折を見いだし、欲望は愛の死からすがたをあらわして、やがてそれもまた崩れさり、ふたたび愛に場所を譲る。同様に対象—他者に対するすべての行為は、それ自身のうちにひとつの主観—他者への暗黙の隠された指示を含んでおり、この指示は対象—他者に対する行為の死である。〔中略〕かくて私たちは際限もなく、対象—他者から主観—他者へ、また逆に主観—他者から対象—他者へ差しむけられる。〔478 f.〕

短篇「水いらず」（Intimité）のヒロインは、シーツにからだを擦りつけるのが好きで、いつも全裸でベッドにはいる。リュリュはそれでもときどき「いやらしい（c'est dégoûtant）、どうしてからだなんてあるんだろう」と思ってしまう〔R I, 322〕。「主観—われわれ」の成立を拒み、他者との関係の原型を共同存在ではなく「相克」のうちにのみみとめようとするとき、サルトル自身が性的欲望と肉体を憎悪しているかに見える〔EN, 502〕。ことがらのべつの側面を見ておくためには、所有という問題をことなった視角からも考えなおしておく必要があるだろう。

第Ⅲ章 人間存在の自由

1　『自由への道』の一挿話から

サルトル未完の長篇小説『自由への道』（*Les chemins de la liberté*）は、発表されたかぎりでは全四部にわかれている。第一部は「分別ざかり」（L'âge de raison）と題され、主人公のマチウが鉄路のわきに延びる通りを歩いているときに、いかにも落魄して、浮浪者じみたおとこから声をかけられる場面からはじまっていた。ときは一九三八年六月、ところは初夏のパリ、忍び寄る暑気のように戦乱の兆しが迫っている。

酒で身を持ちくずしたとおぼしいおとこは酒代を乞い、マチウはポケットをさぐって、百スー（五フラン）硬貨を与えた。おとこはちょっと驚いて、あんたのためになにか凄いことを祈ってやろうと言うものの、マチウにはこれといった望みも思い浮かばない。「それじゃあ幸せでも」と彼奴《ル・ティプ》は言ったが、ふと思いなおしたように「あんたに呉れてやるものを見つけた。マドリッドの切手をやろう」と、緑色のはがきをポケットから取りだしてマチウに渡した。

「いや、ありがとう」

「お、おい！」と彼奴は怒って言った。「そいつは……そいつはマドリッドだぞ」

マチウはおとこに目を遣った。やつは昂ったふうに、思いを言いあらわそうと必死に努力している。やがて諦めて、「マドリッド」とだけ口にした。

「そうだね」

「あすこに行きたかった。ほんとうだ。ただ、そうはいかなかった」〔R II, 16〕

本書の冒頭でふれたように、ゴメスは故国にもどり、マドリッドで戦った。歴史上まれに見るほどに酸鼻を極めた内戦である。多くの者たちがやはり、あそこに行きたかった、ほんとうに、でも、そうはいかなかった（Je voulais y aller, je te jure. Seulement ça ne s'est pas arrangé）、と、だれに言いきかせるでもなく呟きつづけたことだろう。

自由であること、それがあなたの悪徳——

浮浪者から受けとったはがきを取りだして、切手を眺める。やつもまた義勇軍に参加したいと願ったことがあるわけだ。はがきを手わたすまえ、おとこの指はなんども切手をなぞっていた。それがマドリッドから来たものだからだ。マチウも切手を見つめ、はがきをもういちどポケットにしまった。どこからか汽笛が聞こえ、「おれももう歳だ」とふと思う。

小説の主人公がパリ左岸十四区、ヴェルサンジェトリクス通りを歩いていたのは、マルセルに会いにいくためである。マチウはビュフォン高校の哲学教師で、三十四歳の分別ざかりだった。マルセルは七年越しの付き合いになる恋人である。かの女は羸弱なたちで、いつでも部屋に閉じこもっている。マチウはマルセルを週にいくどか訪ねるのをつねとしていたものの、恋人と同棲する気はなく、結婚する心づもりも持っていなかった。マチウとしてはなにより自由に生きようとしていたからである。

マルセルはどこか打ち解けないようすで、ことばもしぐさもぎこちない。悲しげに張りつめた表情でむかしの写真を眺め、「わたし肥ったかしら」と独りごちて、マチウの接吻を躱《かわ》し、ヒステリックに笑いだした。会話がすこしも嚙みあわない。おんなはなぜだかおとこを責めて、絡んでくる。そう、結局それがあなたの理想、なにものでもないこと（Au fond, c'est ça ton idéal : n'être rien）。そうね、自由であること、まったく自由なこと、それがあなたの悪徳よね（Oui. Être libre. Totalement libre. C'est ton vice）〔*ibid.*, 25〕。――マルセルは妊娠していたのである。マチウは子どもという足枷を望まず、マルセルもそれほどの抵抗も見せずに同意した。ちっぽけな自由、現実の泥濘にすぐにでも足を取られてしまうほどに矮小な自由。

入用なのは金であった。ボードレールのように、「あなたが神を嫌っているように金が嫌いだ」（Je le hais comme vous haïssez Dieu）と嘯こうとも、子どもを闇から闇に葬るためには大金が必要となる。学生時代からの友人であったはずのダニエルも、小金持ち《プチブル》になった兄のジャックも主人公の無心に応じてくれない。自由をもとめるマチウは、すこしも自由ではない。金銭すらも自由にできず、金銭からも自由になれない。金策に駆けめぐり、不調におわった主人公はその夜ブリュネと会い、コミュニストとなった親友のすがたに、じぶんの自由の卑小さを思いしらされる。――「人間がかんぜんに自由ではないかぎり、夜ごと夢を見つづけることだろう」。ポール・ニザンもそう書いていた。ブリュネのモデルとなったのはニザンである。

クラブでイヴィックとその弟ボリスと落ちあったのもおなじ一夜のことだった。いささか詩的にタバコを吸っていたのに、いまではバーテンになりきっているおとこもすこしも自由ではないだろう。日常という自己欺瞞から解きはなたれることがないだろう〔本書、六〇頁〕。――クラブではローラ・モンテロが歌って、その声と情熱とで酔客たちのこころを捕える。ローラは歌いおわって、テーブルにやってくると、「こんにちは、ならず者くん」(Bonjour, crapule)と言いながらボリスの顎をやさしく撫でた〔R II, 225〕。

下司野郎《サロー》の自由

ダニエルは株式取引で成功し、経済的に余裕があった。じつはマルセルとも会っている。もともとマチウを憎み、マチウの不幸を望んで、かれの窮状を喜んでいたばかりか、ダニエルはマルセルから「産みたい」という本音を聞きだすのに成功するのである。いっぽう教え子のボリスはマチウを崇拝しており、マチウはその姉、不安定で儚げなイヴィックにも執着していた。闇施術の費用のために走りまわったその日の夜も、ボリスの誘いを断りきれずクラブで合流したのは、イヴィックへの抑えがたい恋着からである。

イヴィックには、となりのテーブルの婦人が気になってならない。女性の視線がイヴィックを咎めているように思えて仕方がない。あのおんなはじぶんが上品だと思っている。そしてわたしのことを下品だと考えている。そうよ、どうせわたしは試験にも落ちそうだし、品の良さなんてもともとから大嫌いだし。イヴィックはナイフをテーブルに突きたて、それればかりか右手でナイフを握りなおして、左手の掌を傷つけはじめる。親指の裏から小指の根元にかけて、肉が割れ、血が滴りつづけた。マチウは手当のため、イヴィックを化粧室に連れてゆこうとする。イヴィックは憎しみを露わにした瞳でマチウを睨みつけ、マチウを侮辱した。「またわたしにさわっていいとでも思ってるの？」（Vous vous permettez encore de me toucher ?）。どうせわたしが「やり過ぎ」（excessif）だって思ってるんでしょう？　常識人ですものね、マ、チ、ウ、せ、ん、せ、い。

マチウの内部で、突然の憤怒が暴発した。

マチウは、じぶんが怒りで蒼ざめてゆくのを感じた。腰をかけなおし、テーブルのうえに左手を載せて、なんの拘《こだわ》りもなく言ってみせた。

「やり過ぎ？　まさか、イヴィック、素敵なことさ。思うに貴族のお嬢ちゃん向けの遊びだよ、ちがうかい？」

マチウは、あっという間もなく掌にナイフを突きさした。でも、ほとんどなにも感じない。手を離してもナイフはその肉に深々と刺さったままだ。まっすぐ突きささったナイフの柄が宙で揺れている。〔R II, 249〕

マチウは、じぶんに満足していた。おれは揺るがない（massif）。おろおろなんてするものか。ジャックもダニエルも、いやブリュネだって、どうでもいい。——だけれども、おれはバカだ。ブリュネが、おれのことを「歳のいったガキ」（un vieil enfant）と言ったのは正しい。——いや、それでもおれは満足だ。くだらない自由、ちっぽけで卑小な自由……。それでもマチウは自由である……。

翌朝、ボリスがローラの唐突な訃報をもたらした。ドラッグのせいらしい。マチウはボリスに頼まれて、死者の部屋に忍びこんだ。見つかると具合のわるいボリスの手紙を取りもどすためである。ボリスは、報酬として、ローラの部屋に投げだされているはずの札束の存在を仄めかしたものの、マチウにはさすがに手が出ない。立ちさろうとしたときローラの声がした。生きていたのだ。試験に落第して、自暴自棄となったイヴィックとの消耗な遣り取りの果てに、もういちどローラの部屋に向かったマチウは、ついに五千フランを盗みだしてしまう。

金を手にして、マチウはマルセルを訪ねる。マチウはマルセルの望みに気づかない。「もう！あなたには関係がない。わたしが欲しいものはもうあなたとは関係がない！」マチウは部屋から追いだされて、「おれは下司野郎だ」(Je suis un salaud)〔*ibid*, 356〕と呟いた。ちなみに下司野郎《サロー》とは、かつておなじ作家が『嘔吐』のなかで、ブーヴィルの町のお上品な俗物たちに投げつけたことばである。お偉方、じぶんには存在の理由があると思っている者たち――。いまや、自由であろうとしたマチウこそ下劣漢《サロー》である。自由。矮小な自由、下劣な自由。

「理由もなく」(pour rien) ――

マチウはアパルトマンにもどった。ことは意外な方向へと急展開してゆく。まずローラが五千フランのことを騒ぎたてた。犯人はボリスだと喚くのだ。マチウは、じぶんこそ犯人だと言う。

おりしもダニエルがあらわれ、ローラに金を返した。マルセルに言われて来たのだな、とマチウは思う。ダニエルは、なんでもないことだ、というふうに言った。「マルセルと結婚する。子どもを持とうということだ」。それでおまえはどうする？　イヴィックはどうするのだ？　マチウは答える。「どうもしない。どうにもならない」（Rien. Rien de plus）。ダニエルは皮肉に付けくわえた。「おまえはそれでも自由になったわけだ」（Te voilà pourtant libéré）。

おれは異性には興味がない、とダニエルはとつぜん打ち明けた。マチウは思う。こいつは女性には惹かれない。けれども、マルセルとこいつは結婚しようとしている。マチウはだしぬけに口にした。「おまえみたいになりたい」。おれはマルセルを「わけもなく《プール・リアン》」棄てた。一件をつうじてじぶんはただの「拒絶と否定」でしかなかった。マチウはむしろダニエルに魅了されつつある。これこそ自由ということなのか？　「ダニエルは行為をした。いまはもう後もどりができない」。おれはどうなのだ？　おれのやっていることにはみんな理由がない（Moi, tout ce que je fais, je le fais pour rien）。「行為の結果がおれから盗まれているようなものなのだ」。自由、おれの自由……。なんでもいい、「取りかえしのつかない行為」はないものか——。マチウは声を励まして、ことばを継いだ。

「一昨日の晩におれが会ったやつは、スペインの義勇軍に参加したかったんだって言っていたよ」

「ふ〜ん、で？」

「ところがね、やつは怖じ気づいたというわけさ。いまはもう見る影もない」

「なぜおれにそんな話をする？」

「わからん。なんとなくだ」

「おまえもスペインに行きたかったというわけか？」

「ああ、まあすこしは、な」〔379〕

ダニエルは帰った。窓からそのすがたを眺めながら、マチウは想う。「おれは独りになった」。でもまえより自由というわけじゃない。「自由を呑みこんでしまったのはおれの生活だ」。慌ただしく過ぎた一日を振りかえる。「《つまらぬことで大騒ぎ《プール・リアン》》さ、と思った。理由《プール・リアン》もなく、だ。この生は理由なくおれに与えられている（cette vie lui était donnée pour rien）」。おれも、とマチウは思いかえした。分別ざかりというわけだ（j'ai l'âge de raison）〔381〕。

神なき現実、神の視点なき物語

『自由への道』第一部「分別ざかり」は一九三八年六月の三日間の物語であった。これまでもそのことばを使ってきたように、一篇のいちおうの主人公はマチウである。物語は、とはいえ、すでに複数の観点から語りだされていた。開戦まえの世界はときにマチウの視点から捉えられ、ときにまたダニエルの視線によって捕えられる。語りはすでにいくらか多声的《ポリフォニック》で、そこには物語の特権的な語り手も、とくべつに内面的な視界をそなえた登場人物も存在しない。

長篇の第二部「猶予」(Le sursis) は、一九三八年の九月二十三日の金曜日からはじまる。その日、チェンバレンはヒトラーと会談すべく、ゴーデスベルクを訪れた。世界中のひとびとが会合のゆくえに注目している。一篇はこの日から三十日の金曜日にまでおよぶ、およそ一週間の物語となる。物語の舞台は眩暈を起こすほどの速度で変転してゆき、登場人物も——あらたな人物もおなじみの人間も、架空の人間も歴史上の人物も含めて——つぎつぎと入れ替わってゆく。

文学史という評価軸を導入する場合ならば、この第二部がサルトルの長篇のなかでももっとも注目すべき部分であると言ってよいかもしれない。ほかならぬサルトルの作品から《全体小説》という理念と方法を獲得した野間宏の言を借りて語るならこうなるだろう。第一部「分別ざかり」では、「主人公マチウ・ドラリューとそれをめぐる数人の人たちの慾望のなか深くにはいり、日常の時間のなかにとらわれつづけている人々の生理的、心理的内容と、その前に次第に現われでてくる自由なるものが、四十八時間の時間の経過のなかにとらえられて」ゆく。その一端については、すでに見てきたところである。これに引きつづき、しかしそれに対して「「猶予」に於いてはこれらの日常の時間のなかにあったものが、ミュンヘン会談と戦争への突入という歴史的時間のなかにつつまれて行き、日常的時間と歴史的時間の衝突、相互侵入が起こり、そして最後に歴史的時間が日常的時間を、まるで巨大な蛇が蛙を呑み込んで行くように、呑み込みはじめる姿が、「分別ざかり」とはちがって、非常に数多くの人物たちにせまることによってとらえられようとする」。重要なのはこの最後の点である。ひとはここで「とらえられようとする」としか言えない。「たしかにそれはとらえられようとするのであって、決して「とらえられる」という風にはいえないこと」なのだ。「そしてまたそれはサルトル自身も同じように考えていることなのであって、彼はその決してとらえられるとはいえないものに、迫りつづけて、しかもそれをどうしてもとらえなければならないと考えている」〔『野間宏全集』第十九巻、筑摩書房、一九七〇年、一〇二頁以下〕。それは《神が不在の現実》の全体を描こうとする《神の視点を欠いた物語》である。

「猶予」における声の交錯と混淆

あるいは、ベルナール＝アンリ・レヴィの評価を借りて言いなおすとこうなるだろう。そこに見られるものは、映画における場面の転換や焦点深度の切り換え、絵画にあってのキュビスムの多面的・立体的手法の文学への導入であり、「断片と断片の讃歌」、世界を描きとる「万華鏡」の採用にほかならない。それが「猶予」の語りそのものであって、そこでは声が多数であるばかりでなく声たちが交錯してゆく。多声性だけではなく「不協和音《カコフォニー》」もまた響きあい、複数の語り手たちの声は縺れあい、混淆し、だれかの声がべつのだれかの声へと引きつがれてゆく。

たとえばこうだ。マチウの口から発せられたせりふが、ブリュネの口のなかでおわる。マチウか、ダニエルのものだったはずのことばが、文が終結するころにはボリスのものとなっている。ピトーと精神科医との会話が、ジョルジュとカフェのギャルソンとの会話に混じりあってゆく。ヒトラーの演説とブリュネの内語とが干渉しあう。フィリップが大通りで女性たちに戦争反対を訴えているときに、イヴィック父娘はラーンの事務所でラジオに耳を傾けている。しかも、このふたつの情景がひとつのショットで捉えられるのだ。「外だわ……。すべて外で起こっているの」

とイヴィックが呟くと、語りは外部へと溢れだしてゆく。外部は、しかしラーンではなくパリで、マチウがポン・ヌフの欄干に腰かけてセーヌの流れを見つめて、漠然と自死へと思いを馳せる。マチウとイレーヌが登場する。マチウはわずかにからだを起こして、イレーヌのうえにからだを滑りこませる。この文にピリオドがつくと、ローラがあらわれて、「目を閉じたまま、あおむけに寝ている」。ボリスが不意にからだを引きはなし、シーツを引っ張って、横向きになる。その場面のあとでビルナンシャッツ夫妻が登場し、引きつづいてヒトラーとチェンバレンの対話。ふたりの政治家の声は、全篇をつうじて背後のノイズのようにざわめいている。[67]――『自由への道』第二部のなかば、「九月二十四日　土曜日」のむすびを引いてみよう。「猶予」にあってサルトルが、典型的な筆のはこびを示している一節である。

フィリップはドアの外に走ってでて、じぶんの部屋にもどり、カギを二重にかけてドアを閉めた。列車が走っていた、船舶は上昇したり降下したりしていた、ヒトラーは眠っていた、イヴィックは眠っていた、チェンバレンは眠っていた、フィリップはベッドに身を投げだして泣きはじめた、グロ＝ルイが千鳥足で歩いていた、家があり、また家があって、あたまは火照っていたのに立ちどまることができなかった、かれは、待ち伏せしている夜のなかを、囁きかけてくる、恐ろしい夜のなかを歩かなければならない、フィリップは泣いていた、力尽きて泣くほかはなかった、壁の向こうにふたりの囁き声が聞こえたが、かれらを憎むことさえできなかった、冷たく哀れな夜のなかで、四辻の灰色の夜のなかで、追放されて泣いていた、マチウは目覚めていた、マチウは身を起こして窓辺に立った、マチウは海の囁き声に耳を澄ませ、乳白色の美しい夜に頬笑んだ。〔R III, 193 f.〕

「自由」のかなたで——銃を乱射するマチウ

九月二十四日には、フランスでも部分的な動員令が発動した。戦争の脅威はすぐそこにある。作品は、さまざまな地域さまざまな階層のひとびとに訪れた、日常のおわりを描いていた。それは猶予のおわりにほかならない。マチウに語りの中心は立ちもどって、一篇の主人公は目覚め、海のざわめきに耳を傾け、美しく白くしずむ夜に微笑する（il entendait le chuchotement de la mer, il sourit à la belle nuit de lait）。主人公にとっても猶予のときがやがておわり、マチウはほどなく動員されて、戦場に向かうことになるだろう。

長篇の第三部「たましいのなかの死」（La mort dans l'âme）は二部にわかれており、第一部ではふたたび「分別ざかり」の登場人物たちに焦点が絞られて、一九四〇年六月十五日土曜日から十八日火曜日まで四日間のできごとが追いかけられる。十五日はドイツ軍のパリ無血入城の翌日で、十六日にマチウの所属する部隊は敗走、同日の夜には将校どもがくらやみに身を隠して逃亡している。十七日になると指揮官が消えた軍隊の統率は失われ、兵隊たちはワインを盗みだし、やけくその酒宴を繰りひろげた。マチウはその輪にくわわらず、殿軍の一員となる。

一隊とドイツ兵とのあいだで銃撃戦がはじまる。友軍の兵はつぎつぎと斃れた。マチウは教会の鐘楼から銃を撃ちつづける。

「バカ野郎」とマチウは大きな声を出した。「おれたちが十五分も持ちこたえられなかったなんて言わせるもんか」

マチウは手すりに近づき、立ったまま撃ちはじめた。それは壮大な復讐だった。一発ずつがかつての逡巡への復讐だった。おれが金を盗めなかったローラに一発、棄てることができなかったマルセルに一発、接吻しないままだったオデットに一発。この一発は、おれが書くのをためらった本に、この一発は、しようともしなかった旅に。こっちの一発は、じぶんが憎もうとしているのに理解しようとこころみた連中《レ・ティプ》をすべてまとめて。マチウは撃ちつづけ、戒律は空へと飛んでいった。「なんじの隣人をなんじのごとく愛せ」、この間抜け野郎の顔にパーンと一発。「なんじ殺すなかれ」、目のまえの偽善者にパーンと一発。マチウは人間に、〈美徳〉に、〈世界〉に向かって撃ちつづけていた。〈自由〉、それは〈テロ〉だ。火は役場のなかで燃えて、じぶんのあたまのうちに燃えていた。弾丸が風を切って鳴り、空気のように自由に、世界は吹っ飛ぶことだろう。おれもいっしょに吹っ飛ぶはずだ。マチウは撃って、時計に目を遣った。十四分三十秒、もはや必要なものはなにもない、要るのはただ三十秒の余裕だけ、あの麗しげで高慢そうな将校、教会めがけて突進してくる彼奴に向けて撃つ時間だけだ。マチウは麗しげな将校に向けて、〈この地上の美しきもの〉すべてに向けて、通りに向かい、花に向かい、庭に向かって、じぶんが愛してきたすべてのものに向かって撃った。〈美〉は淫らにすがたを晦まし、マチウはなおも撃ちつづけた。かれは撃った。かれは純粋だった。マチウは全能だった、自由だった。

十五分が経った。〔R IV, 235〕

マチウは撃ちつづけた。それまでの生の悔恨のすべてを消しさり、この世のおきてのいっさいを破壊しさるかのように、ひたすら撃ちつづける。かれは撃った。かれは純粋だった。マチウは全能だった、自由だった（Il tira : il était pur, il était tout-puissant, il était libre）。

獲得されるべき自由、状況のなかの自由

戦後ほどなく、私たちの文学者にして哲学者は、文学とはなんであり、作家は「だれのために書くのか？」を問うなかで、自由は海の波のように絶えず寄せてはかえし、不断に再開するものであるとも書いていた（elle est, comme la mer, toujours recommencée）。「永遠の相のもとに」見られるならば、自由そのものも一本の枯れ枝にすぎない。じっさいスピノザのもとでは、自由が神すなわち自然のふところのなかで枯れはてている。だから、およそ「与えられた自由などというものはない」。自由とは獲得されるべきなにものかである〔QL, 75 ; S III, 67〕。

人間には本質が存在せず、およそ「人間《本性》」などというものはない。人間はただ、つねに「《状況における》（en situation）存在」である〔QJ, 64〕。自由は、人間にとってしたがって、状況のうちにある自由となるだろう。最初から考えはじめておく必要がある。

2　人間的行為における自由と状況

『存在と無』の第四部は「持つ、為す、在る」（Avoir, faire et être）と題され、「持つ、為す、在るは人間存在の枢軸的なカテゴリーである。人間のいっさいのふるまいはこの三つのいずれかに包摂される。たとえば「知る」は「持つ」の一様相である」と書きはじめられる〔EN, 507〕。ここではまず、第一章「「在る」と「為す」——自由」の冒頭部分から引用しておく。

> 奇妙なことに、これまで見渡しうるところ、ひとは決定論と自由意志をめぐって、行動という観念自身のうちに含まれているさまざまな構造をあらかじめ解明しようとすることなく議論をつづけてきて、そのさい、一方もしくは他方のテーゼに都合のよい実例を引きあいにだすこともできたわけである。行為という概念のうちに含まれているのは、実際のところ、それに従属している数多くの観念なのであり、私たちとしてはそれらの観念を組織的に検討し、秩序づけてゆかなければならない。〔*ibid.*, 508〕

たとえば、ベルクソンの最初の主著となった『意識に直接あたえられたものをめぐる試論』がその最終章で自由の問題を主題化していた。ベルクソンはその第三章冒頭で、問題をめぐる考察にあって、論者たちがア・プリオリに到達することになるのが「機械論と力動論」（mécanisme et dynamisme）であり、この「人間の活動にかんして対立するふたつの捉えかた」が分岐するのは「具体的なものと抽象的なもの」との関係、「単純なものと複合的なもの」との関係、また「事実と法則」との関係がどのように理解されるかに依存していると説いていた。[68]ベルクソン自身が、しかし第一の著作で「人間の活動」（l'activité humaine）とその構造をめぐってあらかじめ周到な分析と考察をくわだてていたふしはない。ベルクソンは、単純な機械論（決定論）にも力動論（自由論）にも与することなく、むしろ両者に共通の思考様式を問題としてゆくことになるとはいえ、サルトルとしては、その所論のうちにも論点の先取りもしくは問題の見すごしをみとめてゆくことになるだろう。先取りあるいは見すごしは、そしてサルトルによれば、まさしく「行為という概念」が含んでいる階層的な構造、そこに従属している数多くの観念（nombreuses notions subordonnées）にかかわるものなのである。私たちとしてもしばらくサルトルの思考を辿って、その自由論のいくつかの視点を確認しておく必要がある。

行動と志向性――知と非知との交錯

人間の行動によってもたらされるのは、世界のありかたの変容である。あるいは行動するとは「世界の相貌を変様させること」である（agir, c'est modifier la *figure* du monde）。世界の様相を変化させるためには世界における事象の進行に介入しなければならず、事象の進行に介入するさいにはなんらかの方策を用いる必要がある。すなわち、世界の変容という「目的」に到達するための「手段」を講じることが必要となる。事象は相互に連鎖しており、その「鎖の輪のひとつ」にもたらされた変化は連鎖全体の変貌を帰結する。行動することをつうじて世界に生起するのはそうした複合的な変容であり、その変容によって「予測された結果」が産出される〔*ibid.*〕。

事象の連鎖が予測された結果を産みだす一方で、しかし他方おなじ連鎖の複合が、結果を予測から逸脱させる。たとえば、ドミノの列が連なっていることで最後のドミノが倒されるが、その中途にあるドミノの間隔が空きすぎていることによって、ドミノの運動は停止してしまう。いまこの件はまだ重要ではない。ここでまず注目しておくべきは「ひとつの行動はその原理からして志向的である」(une action est par principe *intentionnelle*) ことだとサルトルは言う。つまり行動自体が一箇の志向性をそなえており、行動においてはなんらかの状態が行動する者によって志向されている、ということである。

たとえば私がマッチを使って火を起こしたとしてみよう。マッチを使用したのはタバコに火をつけるためであり、マッチを擦ることは喫煙という目的に対する手段であって、このばあい私はマッチに適当な摩擦をくわえることにかんして志向的(意図的)である。ところが、私が喫煙しようとしたのが火薬庫のなかであり、マッチの火が粉末状で倉庫内に漂っていた火薬に引火して火薬庫が爆発してしまったとする。そのばあい「不注意な喫煙者」、つまり私はマッチを使用することにおいては行動したとはいえ、火薬庫を爆破することについては「行動していない」(n'a pas *agi*)。これに対して、労働者が与えられた命令にしたがってダイナマイトに点火し、予定どおり採石場を爆破した場合には、その者は行動したことになるはずである〔*ibid.*〕。

私は、マッチを擦ることで火を起こせることは知っていたが、庫内に粉塵が充満していたことは知らなかった。労働者は、ダイナマイトに点火することで制御された爆発を惹起することが、採石場の特定の箇所の爆砕を可能とすることを知っていた。一方おなじ労働者はおそらく、火薬の厳密な化学的組成は知らず、さらに採石場の岩場を爆破することでもたらされる副次的な結果（岩石の破砕の細部、土砂の飛散の様態等々）にかんしては精確な予測を手にしてはいない。

『精神現象学』がギリシア悲劇を範例として論じていたように、行動する者は「意識と無意識の対立」「知られたものと知られないものの対立」のうちにあり、「行為する精神は知と非知の対立のなかにある」[69]。運命は知と非知とのはざまに潜んでいる。そればかりではない。行動する者の選択が、非知の深淵を運命というかたちで引きよせる。オイディプスは、じぶんの殺す者が父であり、みずから娶る者は母であることを知らない。「非知」（Nichtwissen）もまた「なされたこと」（Tat）を媒介する。行動の始まりにおいては隠されていたものが、行為そのものをつうじて白日のもとにあらわれる。[70] おなじヘーゲルの『法《レヒト》哲学』によれば他方、「なされたこと」のうちで自己の行為のみを引きうけることが「知の権利」（*das Recht des Wissens*）にほかならない。[71]

行動における「二重の無化」

行動が志向的なものと呼ばれるには、行動する者が「みずからがなにを為しているかを知っている」ことが必要である。その場合にのみ行動した者は「ひとつの意識的な企てを志向的に実現した」（il réalisait intentionnellement un projet conscient）と言うことができる〔EN, 508〕。

とはいえ行動する者にとって、みずからの行為の結果がことごとく知られていることは必要ではなく、また可能でもない。このことは一方では、ヘーゲルふうにいえば行動する者における知の権利ということになるだろう。たとえばコンスタンティヌス大帝がビザンティウムに居を定めたとき、じぶんが皇帝たちのためのあらたな居住地を東方に創設しつつあることは知っており、コンスタンティヌスの行動はそのかぎりにおいて「ひとつの行為《アクト》」となる。[72]「結果が意図に適合していることがここでは、私たちが行動について語りうるために十分である」（L'adéquation du résultat à l'intention est ici suffisante pour que nous puissions parler d'action）からだ。コンスタンティヌス大帝は、これに対して、じぶんがギリシア語文化の将来の一中心都市を建設している事情、その都市の出現がやがてキリスト教会の内部に分裂を引きおこすことになる消息等々にかんしてすこしも予測しておらず、まったく知っていない。——だが、ここに「なくてはならないもの」（*desideratum*）がある。ビザンティウムを建設した皇帝がなにを知って、なにを知らなかったとしても、大帝がどうしても認識していた必要のあることがらがある。それはひとつの欠如である。当面の場合ならば、なお異教的であるローマに対してつり合いを取ることのできる都市がいまだ不在であることの認知、一箇の非存在の認識が必要なのである。

　存在するものが存在するものでありつづけて、そのほかにはなにものも存在しないのであるのならば、かくてまた「意識は不断に存在から存在へと差しむけられて」（la conscience est renvoyée perpétuellement de l'être à l'être）、そこにはなにひとつとして「非存在」が見いだされない。そればかりか「非存在を発見する動機」さえ存在しない。存在するのは存在するもの、たとえばローマという既存の都市のみである。行為の企図が生まれることで意識ははじめて充実した世界から身を引き、存在するものの領域をはなれ、いわば決然として「非存在の領域」へと接近することができる（quitter le terrain de l'être pour aborder franchement celui du non-être）。行動するためには非存在つまり無が必要であり、無が出現するためには意識が、その自由が現前していなければならない〔以上、cf. *ibid*., 508 f.〕。

べつの例を考える。たとえば職工が決起し、労働者が蜂起するものとする。決起し、あるいは蜂起して、かくて行動するためにはなにが必要だろうか？ サルトルの見るところでは、行動のために必要なのは「二重の無化」（une double néantisation）である。行動する者は「一方では、ひとつの理想的な状態を、現在はたんなる無であるものとして（un état de choses idéal comme pur néant *présent*）定立しなければならず、他方で、この理想的な状態に対して、現実の状況を無として（la situation actuelle comme néant par rapport à cet état de choses）定立しなければならない」。現在はなお不在の理想というひとつの無が定立され、この一箇の非存在に対してはそれじしん無であるものとして、現下の状況が定立されなければならない〔510〕。

意識と自由——暫定的な回顧（一）

ひとつの行為とは「存在しないものに向かう、対自の一箇の投企」（une projection du pour-soi vers ce qui n'est pas）である。行為をくわだてる《プロジェ》ために対自は、現に存在するものを否定し無化して、またいまだ不在であるもの、無を定立しなければならない。かくして二重の無化が行動のためには必要である以上、「いっさいの行動に不可欠な根本的条件」とは、かくてまた「行動する存在者の自由」にほかならない（la condition indispensable et fondamentale de toute action c'est la liberté de l'être agissant）〔510 f.〕。それではしかし、自由とはなにか？

先だつ議論をここですこし振りかえっておく必要がある。意識の志向性をめぐるフッサールの所論をサルトルは独特なかたちで受けいれていた。意識はつねに《なにものかについての意識》であり、意識とは意識自体とはべつの存在についての意識である以上、意識に内部は存在せず、意識の内側とは端的に無にほかならない〔本書、一二七頁〕。意識のありかたが対自であり、意識は存在論的には対自存在であるかぎり、対自存在とはなによりもまず無そのものである。この対自存在は「それがあるところのものではなく、それがないところのものであるような存在」〔一二九頁〕である以上、対自にはあらかじめふたつの「ない」が、つまり二重の無化がまとわりついている。対自はこの二重の無化であるがゆえに、存在で充満した世界のうちに無をみちびき入れることができる。たとえば、紫煙が漂い、話し声や、カップと皿のふれあう音、いきかう足音で充満しているカフェのなかで、そうした存在の充実をすべて背景として無化したうえで、不在のピエールを、その無を浮きたたせることができるのである〔四二頁以下〕。

対自の存在に絡みついている無とはまた、対自が自由であることそのものである。たとえば、デカルトのいわゆる「方法的懐疑」において「私」は存在者すべてを無にすることができるが、それは私自身が無であることで、私の「自由」を行使することによってである。私は自由であるがゆえに懐疑を徹底することができるのだ〔五〇頁〕。それは、私がじぶんの想像力によって世界のいっさいを無に帰して、現に存在しない不在のもの、一箇の無を想像力によって定立することとべつのことがらではない。想像力もまた「人間的自由のあかし」であるからだ〔五二頁〕。また「私」はこの自由と想像力のゆえに、底知れない不安に囚われることがありうる。たとえば「私」が断崖絶壁に眩暈をおぼえ、不安に苛まれるとすれば、それは私が自由であり、したがってまた谷底に身を投じることもできるからである〔五七頁〕。

人間存在はみずから無を抱えこんでいる。人間存在はこの無によって、じぶんの過去を自身の現在から分離することもできる。自由とは「自己自身の無を分泌する」ことである。過去が無によって現在から切りはなされるからこそ、人間存在は自由であるからであり、過去の切断は無によって、意識がみずから分泌する無を介してのみ可能となるからである〔五四頁以下〕。いつでも過去から切断されうることによっても、人間は不安に囚われることがありうる。たとえば賭博場のかたわらを通りすぎるかつての賭博常習者が、かりに二度とふたたび博奕を打たないと決心していたとしても、やはり不安となるのは、現在は過去から不断に断絶しているからであり、博奕打ちは無によってじぶん自身から切断されているからなのである〔五八頁〕。

対自と自由――暫定的な回顧(二)

考察の現在地を確認するために、暫定的な回顧をもうすこしだけつづけておく。

意識とは対自であり、対自とは無であって、無であることで対自は自由なのであった。あらためて規定しておくなら、意識が対自であるとは、意識に対して意識が存在し、意識にとって意識そのものが問題であることを意味する。意識にとって意識が問題であるとは、意識が意識にかかわっていることであり、意識が意識へと関係する以上、その関係には意識の裂け目が、意識そのものの自己との不一致が含まれている。かくして意識には「そこから無が滑りこむことのできる裂け目」がはらまれているしだいとなるだろう。——対自とは、自己のうちに差異をはらむ自己である。自己とはことなるものが萌し、自己ではないもの、自己の無が兆した自己である。言いかえれば、「対自とはそれ自身の無でなければならない」〔九八頁以下〕。

対自存在のこの無が、世界に可能性を導入し、また時間性をみちびき入れる。可能性は現在のうちにはらまれた未来であり、未来こそが対自にとっての時間性そのものである。対自の現在とはむしろ未来であり、人間が「じぶん自身の未来である一箇の存在」であるかぎり、人間存在によって未来が世界へと到来する。対自とは現にそれであるのではないものであり、それゆえまた対自とは自由なのである。——時間性が存在するのではない。時間性は、対自が存在することでみずからを時間化する。対自はみずからの現在ではなく、対自とはじぶんではないもの、じぶんの未来への超越である。対自は未来への超越であることで自由である〔一〇七頁以下〕。

意識とは対自であることであって、対自であるとは自由であることである。対自は自由として存在している。対自の存在が自由であり、自由とは対自の存在である。そうであるならば、対自が自由であるとは、対自は対自であるかぎりで自由であるほかはないということだ。

この件を当面の論点との関連で考えなおしてみる。回顧を挟むことで中絶したままの、当面の問題とは「自由とはなにか？」であった。

自由という呪い——あるいは「動機」と「動因」

自由とはなにか？　この問いには、しかしそれ自体としてどこか奇妙なところがあるようにも思われる。問いは自由の本質をたずねているが、けれども「自由には本質がない」（la liberté n'a pas d'essence）。自由は本質をもたない。本質があるなら自由ではない。とはいえ問題が「私の」自由である（il s'agit en fait de *ma* liberté）なら、べつの答えがありうる〔EN, 513 f.〕。「私」は対自であり、対自は自由であるほかはないかぎり、自由とはその本質が問われる私の性質ではなく、私の存在であり、私の存在そのものであるということだ。自由が私の存在であることを、よく知られているように、この場面においてサルトルは、「私は自由であるべく呪われている」（je suis condamné à être libre）と語りだす〔*ibid.*, 515〕。——私は自由である。しかし、自由であるのを止めることにかんしては、自由ではない（nous ne sommes pas libres de cesser d'être libres）。「自由はその根底において人間の核心に存在する無と一致する」からだ。だから、人間はときに自由であり、ときに自由ではないことができない。「人間は、全面的につねに自由であるか、あるいは存在していないか、のどちらかである」（il est tout entier et toujours libre ou il n'est pas）〔515 f.〕。対自である「私」の自由は、かくてその存在そのものであり、存在と同義であるような呪縛となる。その意味ではたしかに、私は自由であるべく呪われている。私は存在するかぎり、自由なものとして存在するほかはないからだ。

ある意味ではベルクソンにしても、「私」の存在と自由をむすび合わせることに腐心していた。

ベルクソンにとっても「行為が全人格から流出し、それを表現して、行為が人格とのあいだで、作品と芸術家とのあいだにしばしば見いだされるあの定義しがたい類似（cette indéfinissable ressemblance qu'on trouve parfois entre l'œuvre et l'artiste）を有する場合に、私たちは自由である」[73]からだ。サルトルは、しかしベルクソンの深層的な自我を拒絶する〔520〕。その反面ではサルトルとしても、ベルクソンが『試論』の最終章で格闘した心理学的決定論の問題、ことがらにそくして言いなおすならば、「動機」（motif）と「動因」（mobile）の問題にいちおうの決着をつけておく必要があった。

動機はふつう「なんらかの行為の理由」（la *raison* d'un acte）〔EN, 522〕と考えられている。かくて動機は理性《レゾン》と熟慮とに関係づけられることになる。動機はかくてまた行動する者の内面へと閉じこめられるはこびともなるだろう。しかし、そうだろうか？

たとえば政府が公債利率の引下げを決定するとき、政府がその政策の動機として挙げるのは、国家債務の軽減であり、一般には国家財政の立て直しである。あるいは遠いむかし、クロヴィスがとつぜんカトリックに改宗したのは、乱立するアリウス派の諸王国のただなかでカトリックを名のることが、ガリアにおける絶対的な勢力である司教団の支持を獲得することにつながる好機ともなるのを認識したからなのであった。利率引下げを公表する政府が見ているのは国家の債務状況であって、国家財政の壊滅的な状況である。改宗するクロヴィスが見とめていたのはガリアの政治的・宗教的な状況であり、そこで展開されている諸勢力の布置関係にほかならない。いずれにしても動機とはいささかも内面的なものではない。それはかえって外部的なものであって、言いかえれば動機とは「一定の状況についての対象的な把握」（la saisie objective d'une situation déterminée）〔*ibid.*, 522〕にすぎない。

動因についてはどうだろうか？　動因は通常「ひとつの主観的な事実」と見なされていよう。たとえばそれは、ひとつの行為へ誘導する感情や情念の総体である〔522 f.〕。一例として「私」は正義と人類の未来を信じて、コミュニストとなることもできる。世界の不正を認知して、あるべき未来を認識することは、そのばあい私の動機となりうる。「私」が他方また、抑圧されている者たちへの共感から、あるいは特権的な立場にある自己への羞恥によって、コミュニストとなることもありうる。それらはコミュニストとなる決断に対する動因と呼ばれることだろう。とすれば、行動の動機と動因とは異質的で、ときに相互に排他的なものということになるのだろうか？もうすこしだけ考えておく必要がある。

自由という制約——あるいは「行動」と「状況」

そもそも動機が動機となりうるのは「一定の行動の企て」（projet d'une action）〔EN, 524〕との関係にあってのことである。クロヴィスがカトリックに改宗したのは司教団の支持を得るためである。同人が司教団の支持を重視したのはさまざまな勢力が拮抗している当時のガリアの状況を認知したからである。しかしそもそも、クロヴィスがガリアの政治的・宗教的な状況を対象的に把握しようとこころみたのは、当人がガリア全土の覇権を掌握することを企図したからにほかならない。そのかぎりでは、動機が行動を決定するわけではない。むしろ「動機は一箇の行動の企てにおいて、またこの企てによってのみあらわれる」(il n'apparaît que dans et par le projet d'une action)〔*ibid.*〕。行動の動機は行動の企てとその目的のうちにある。あるいは企てと目的と切りはなすことができない。「世界の或る対象的な構造」が「目的の光に照らされた動機」であるからだ。行動の動因についていえば、それはもとより行動の動機とはなれて問題とされうるものではない。クロヴィスの野心がたしかにカトリックへの転向の動因であっただろうが、その野心はガリア制覇という動機とのかかわりでのみ動因とならなければならない。かくて「動機と動因は相関的」となる〔525〕。——「動因は、それがふたたび取りもどされなければ作動することができない」。クロヴィスの野心が具体的な野心となるには、ガリア全土の制覇という動機のもとで野心が野心として浮上して、それがふたたび取りもどされる(il est *repris*)必要がある。野心はいわば眠りこんでいることもでき、「動因はそれ自体としては無力である」からだ。コミュニストとなり、コミューン主義を奉じる団体に身を投じようとして「私が熟慮するとき、賭けはすでになされている」(Quand je délibère, les jeux sont faits)〔527〕。動機が先行して、動因はそれにともない作動する。動因とは、行動の動機とともに、行動のあとから見いだされるものである。ことばをかえれば、「自己(についての)非定立的意識」が「対象についての定立的意識」の裏面で潜在的にのみ作動するものであったのとおなじように、「動因」は「非措定的に体験される」(s'éprouve non-thétiquement)だけなのである〔525〕。

　自由は対自の存在そのものであり、つまり対自の無それ自体である。対自であることで「私」は自由であり、自由であるほかはない。行動の動機や動因について語ることは、どのような意味でも私の自由を否定することではない。――それでは「私」の（あるいは私の「対自」の）身体性にかんしてはどうだろうか？　私が身体であり、しかも対自身体であることは、それでも私の行動に対する決定的な束縛条件となっているのではないか？　言いかえるなら、身体的な条件は行為を水路づける世界の対象的な構造とはまったく別箇の制約となるのではないだろうか。

自由と状況、状況における自由

問題を具体的に考えるために、『存在と無』が挙げている「疲労」という現象を、すこし文脈を変更してとり上げてみる。サルトルが例示しているのは、つぎのような場面であった。

私が仲間たちといっしょに遠足に出かけたとする。何時間か歩いたすえに私の疲労は増してきて、しまいにはとても耐えられないほどのものとなる。はじめは私も抵抗するけれども、とつぜん私はぐったりして、挫《くじ》けてしまう。私はリュックを道ばたに投げすてて、その傍らにへたばる。ひとは私の行為を批難することになるが、そのばあい言われているのは、私が自由であったということなのだろう。つまりなにものも、またなんびとも私の行為を決定したわけではなく、そればかりか私はじぶんの疲労になおも抵抗しえただろうし、同行者たちとおなじように歩きつづけて、つぎの休憩のポイントまで我慢することもできただろうに、ということなのである。〔530〕

ここで「私」は疲労に、つまり私の身体的な状態、身体という行動の条件に屈していることになるのだろうか？　しかし、なにより注意しておくべきは「疲労はそれだけでは私の決定を引きおこすことができない」という事情である〔531〕。疲労に屈するということはむしろ「歩むべき道」に「《踏破するには困難すぎる途》という意味をもたせてしまうこと」(en lui constituant le sens de « chemin trop difficile à parcourir ») ではないだろうか〔537〕。ここでもたしかに選択は生起している。この場面であっても「私たちはじぶん自身を選ぶことによって世界を選択する——ただし即自的構造において世界を選ぶのではなく、意味において世界を選択するのである」〔541〕。ことがらはここで反転し、世界のがわの条件についても照明を与えるものとなる。

行動を阻害するものであるかに見える世界の条件、バシュラールのいう「事物の逆行率」(coefficient d'adversité des choses) もまた、それ自体としては行為の自由に対する障害となるものではない。逆行率が出現するのは、「私」がなんらかの目的を設定することをつうじてであるからだ。巨大な岩石は、それを移動させようとすれば甚だしい抵抗を示すだろう。だが、風景を眺めるためには、それに登ることが好適な条件となる。およそ「自由な対自が存在しうるのは、抵抗する一箇の世界のうちに拘束《アンガジェ》されたものとしてのみである」〔562 f.〕。——すこしレトリックを弄して語りなおすとすればこうなるかもしれない。自由とはたしかに与えられたものから脱けでることであり、事実から「脱出すること」である。だが、「事実そこには事実からの脱出という一箇の事実がある。これが自由の事実性である」〔565〕。

自由と不条理、あるいは自由と責任

この事実性とはまた、世界とのかかわりにおける自由の偶然性ということになるだろう。

私たちは、世界の存在充実における自由の偶然性を状況と呼ぶことになるが、ただしそれは、自由を束縛しないためにだけ存在するこの所与が、自由の選ぶ目的によってすでに照明されたものとしてのみ、自由に対して顕示されるかぎりにおいてのことである。それゆえ、所与はだんじて対自に対し、裸の即自的な存在者として現出することがない。所与は、それを照らしだす光のもとでのみ顕示されうるがゆえにつねに動機として開示される。〔568〕

動機とは一定の状況についての対象的な把握であった。動機とは状況であり、状況とは動機のことである。かくてまた「自由は状況のうちにのみ存在し、状況は自由によってのみ存在する」(il n'y a de liberté qu'en *situation* et il n'y a de situation que par la liberté)〔569〕。ひとは自身を選ぶことによって世界を選択する。「私」の選択が世界の選択である以上、私には「世界についても自己自身についても、存在の仕方にかんするかぎりで責任がある」〔639〕。これはそれじたい不条理(absurdité)であろう。それでも、だからこそ本書の冒頭でもすでに引いておいたとおり、戦争についてすら「戦争は私の戦争である」。なぜなら「ひとはみずからに相応した戦争を手にする」からだ〔八頁〕。人間存在は自由という呪縛のもとにあるからである。

3　世界を所有することの諸様式──ジュネ、サルトル、マルクス

サルトルの作家論あるいは文学者の評伝にはたとえば『ボードレール』（一九四七年）があり、本書でも先にごく簡単にふれておいた（一五四頁以下）。サルトルはこの詩人論をジュネに捧げているけれども、その五年後には、当のジュネを文学的／哲学的考察の対象にえらぶことになる。『聖ジュネ』（一九五二年）がそれである。サルトルにはその最晩年に『家のバカ息子』（*L'idiot de la famille*）と題する膨大なフローベール論もあるが、評価がなお定まらないこの一大長篇評論をいま措いておくなら、サルトルによる作家論として代表的なものといえば、やはりなによりもまず質量ともに圧倒的な『聖ジュネ』ということになるだろう。

ジャン・ジュネは少年期から青年期にかけて犯罪と放浪を繰りかえした。第二次世界大戦中の一九四四年には、終身刑の求刑をまえにジャン・コクトーが介入して、自由の身となる。戦後の四八年にはサルトルも請願にくわわって大統領恩赦を獲得し、翌年に発表された『泥棒日記』は「サルトルとカストールに」捧げられていた。ちなみにカストールとはフランス語でビーバーのこと、音の類似にもとづいて、親しい仲間たちのあいだでひろく使われていたボーヴォワールの愛称である。よく知られているとおり、サルトル自身の『存在と無』もまた「カストールに」（Au Castor）捧げられている。

作家論の冒頭でサルトルは、ジュネのことを「過去追慕主義者」(passéiste)〔SG, 9〕のひとりと呼んでいる。この特異な作家が過去を追慕する者となったのは、ジュネが幼年期に神聖な記憶を保有しており、ジュネは、しかも子どもでありながら、その幼年時代から隔てられ、追放されていたからである。

ジュネは一九一〇年パリに生まれた。生後七か月で母親に捨てられて、村の樵夫婦に預けられる。ジュネには母もなく、財産もない。そのジュネがどうして無垢でありえよう(comment serait-il innocent ?)。ジュネが存在するだけで、「自然の秩序と社会の秩序」が攪乱される。ジュネは非嫡出子として誕生し、ジュネと社会のあいだには戸籍簿をはじめとする「人間の制度」が立ちはだかっている。将来の作家はまちがった子どもであり、「いうまでもなくかれは女性から生まれたが、この出生は社会の記憶には留められなかった」わけである。かくして社会はジュネを認知せず、かれを社会の外部に投げすてたが、かくしてまたジュネ自身も社会の外部、「監獄や牢獄」にむしろ親しみを覚えるようになる。このことにいったいなんのふしぎがあるというのだろう。サルトルの語っているとおりである〔*ibid.*, 15〕。

存在と所有の縺れ——「盗み」とはなにか?

ジュネに対する社会からの拒絶は母親からの拒否にはじまり、そこに萌芽をもつものだった。母に拒まれたジュネは「なにものでもない」(il n'est rien)。かれの出生がまちがっていて、祝福されないものであることによって「世界の美しい秩序に無秩序が、存在の充実のなかに裂け目が導きいれられた」〔SG, 16 f.〕。ジュネの秘密を語る一文中に、存在の充実（plénitude de l'être）、裂け目（fissure）といった、サルトル用語が鏤《ちりば》められていることに注意しておこう。

カントのような論者にとっては、「婚姻によることなくこの世に生まれてきた子ども」は「法の外部」に生まれ、「法による保護の埒外」に誕生してきたことになる。そうした子どもは「公共体のなかへいわば（あたかも禁制品のように）忍びこまされた」（Es ist in das gemeine Wesen gleichsam eingeschlichen (wie verbotene Ware)）存在なのであるから、公共体のがわも子どもの生存を無視することができる。[74]――ジュネにとって、あるいはジュネを論じているサルトルにとっては、おなじことがらがべつの意味をもつ。祝福されない出生によって持ちこまれたものはないにものでもないものである。すなわち無が、自由が世界のなかへと挿入されたのである。その意味ではジュネこそ自由であり、あるいはこの泥棒作家こそが自由でありうる。

少年ジュネは「なにものでもなく、なにひとつ所有していない」（N'étant rien, il ne possède rien）。少年を存在という視点から判断することはできないし、所有という観点から判定することもできない。すこしだけ、テクストを引いておく〔*ibid*, 17〕。

たしかにジュネ少年は空腹を覚えず、寒さを感じるわけでもない。ジュネには住居が与えられ、布団も与えられる。しかしまさに、それらはかれに与えられるのだ。この子どもには贈り物が多すぎる。すべてが贈り物である。呼吸する空気までも贈り物であって、子どもはあらゆるものに礼を言わなければならないのである。

誇りたかい少年にとって「与えられること」は、また「あらゆるものに礼を言わなければならないこと」は一箇の屈辱である。それればかりではない。この社会では、存在が所有によって規定される。だから「ジュネ少年は存在するために所有しようとする」(l'enfant Genet veut avoir pour être)。しかし少年には、占有し所有することの通常の方法が拒否されている。ジュネには遺産はなく財産もなく、少年は貨幣を持たないから買い物をすることもできない。ジュネはなにひとつ獲得できない。領有する可能性のいっさいが、少年には閉ざされている〔18〕。それでは、少年はどうすればよいのだろうか?

ふつうの所有者にとってじぶんの占有はすでに承認されており、所有として認証されている。「正統な所有者は、手を差しのべて果実を摘みとり、しずかにそれを食する」。ジュネはそうすることができない。少年は正統な所有者のしぐさと感覚を模倣するだけである。ジュネはつまり、「俳優が舞台のうえで食べるように食べる」。所有の「劇《コメディー》」を演じる。存在と所有の縺れのなかで、所有をまねて演じられたコメディーこそがやがて「盗み」となるのだ〔22〕。

眼も眩むことば――「おまえは泥棒だ」

たとえば飢えや渇きは通常の所有を解除する。飢えや渇き、また妬みを覚えている者は、一時的にせよ、あるいは決定的なかたちであれ、「他者たちの所有する権利」に異議を唱える。ジュネはそうではない。少年は遊戯の自然な延長線上で盗みに到達する。だからジュネの場合は、「その盗みは所有に異議を唱えるどころか、所有を肯定するものである」。少年は屋根の下で布団にくるまって寝て、たらふく食べている。かれはただ社会から遠ざけられているだけだ。少年は盗みという「この孤独な行為によって、共同社会に参入しようとしている」だけである。かれが目ざしているのは不可能なことがらであるにすぎない（il vise à l'impossible）〔SG, 21〕。

少年はひそかに、つつましく盗みを開始した。いまやしかし、盗みはその範囲をひろげ、回数を増してゆく。通りすがりの他者たちから窃盗を働くばかりではない。ジュネは、隣人たちからさえ盗みとるようになる。「世界が拒絶し隔離したこの者はひそかに、いっさいのものの卓越した所有を追求する」（Ce paria que le monde rejette poursuit en secret la possession éminente de tout）。すなわちすべてのものの全的所有を求めるのである〔*ibid.*, 23〕。少年は母からも拒まれ、財産も遺産も持たなかった。いまやジュネ少年にとって「神が不在の母に代わり（Dieu remplacera la mère absente）、盗みが所有の替わりになるだろう」。少年はかくて無邪気に盗みをはたらき、けれどもその無邪気さでみずからの運命をつくり上げることになる。ただ少年はそのことを知らないだけである（il ignore qu'il forge un destin）〔25〕。

はじまりはこうであった。少年は台所で遊んでいる。ジュネは、ふとじぶんの孤独に気づき、いつものように切ない気もちになって、我を忘れた。引き出しが開けられ、ちいさな手が財布に伸びる。手が止まった。だれかが入ってきて、その視線がかれを捉えている。「眼も眩むことば」が響いてきた。「おまえは泥棒だ」（Tu es un voleur）〔26〕。

これが覚醒の瞬間である。夢遊病に罹っていた子どもは目を開けて、じぶんが盗んでいることに気づく。ひとがかれに対して暴露したのは、かれが泥棒であることだったのだ。言い訳に相務めるものの、抗弁しようもない弁舌によって圧倒されてしまう。かれは盗みを働いた、だから泥棒である。これ以上に明瞭なことがあるだろうか？〔27〕

少年は盗みをはたらいた、だからジュネは泥棒である（il a volé, il est donc voleur）。かれが望んだのは盗むことであり、ジュネがじっさいにおこなったのは盗みであった。少年はそれではなにものだったのか。泥棒だったのである（Ce qu'il *voulait*, c'était voler ; ce qu'il *faisait*, c'était un vol ; ce qu'il *était* : un voleur）。こうして、ジュネの「全生涯」が決定された〔*ibid.*〕。

さまざまな仕方で所有することへ

聖ジュネの場合であるならば、かくて盗みが所有の替わりになることだろう（le vol remplacera la propriété）。ジュネが、その外部へと追放されるためにその内部に生みおとされたのは、あたかも私的所有が自然の秩序それ自体であるかのように承認された、社会の秩序であったからだ。あるいは、個体による占有が承認されて、所有と称されることになる共同体だったからである。「窃盗」という観念は、それじしん起源を有するものだ。人間たちのあいだの関係、所有制度、法制度、裁判機構、その他もろもろの制度のことばのなかでのみ、窃盗は生まれ、なにものかは泥棒となる。社会という「散文のなかでは対象が生まれるためにことばが死ぬ」（Dans la prose le verbe meurt pour que l'objet naisse）。それがことばであり制度であったことが忘却されて、とある行為が端的に盗みとなり、対象と目されたなにものかが泥棒そのものとなる。「泥棒だ！」（C'est un voleur !）というわけである〔SG, 51〕。

少年であったジュネに、持つことの代わりに盗むことを使嗾し、所有に替えて窃盗をえらばせたものは、人間の制度なのであった。だが、そういったそれじしん恣意的な制度が立ちはだかるまえの、つまり私的で排他的な所有のてまえで、さまざまな仕方で所有すること、べつのかたちで領有することを考えることはできないだろうか。私たちはかくて、『存在と無』における思考にふたたび立ちかえってきたことになるだろう。

前節のはじめですでに『存在と無』第四部「持つ、為す、在る」の冒頭部を引用して、「持つ、為す、在るは人間存在の枢軸的なカテゴリーである」とするサルトルの認定を確認しておいた。サルトルによれば、一方では「人間のいっさいのふるまいはこの三つのいずれかに包摂される」〔本書、一七四頁〕。他方ではまた、つづけてサルトルが注意していたとおり、「これら三つのカテゴリーは、たがいに連携を欠いて存在するわけではない」〔EN, 507〕。

サルトルによればむしろ「最初から、具体的な人間的実存の三つの大きなカテゴリー、つまり為す、持つ、在るは、その根源的関係にあって私たちにあらわれる」（Ainsi, du premier coup, les trois grandes catégories de l'existence humaine concrète nous apparaissent dans leur relation originelle : *faire, avoir, être*）。たとえばなにごとかを為す《フェール》欲求、あるいはなにものかを作る《フェール》欲求は「還元不可能」なものではない。ひとがなにかを「作る」のは、作られるべき当の対象と一定の関係をむすぶためである。あらたな対象との関係とは「持つ」ことにほかならない。たとえば「私」が木を削って杖を作りだすとすれば、それはその杖を持つためである。そこでは作る《フェール》こと、制作という一定の為す《フェール》ことは「持つこと」の手段となっている〔*ibid.*, 664 f.〕。

ここではとりわけ持つこと、所有することに注目しておこう。これもおなじ箇所ですでに引用しておいたように、サルトルとしては「持つ、為す、在る」を「人間存在の枢軸的なカテゴリー」であると主張し、人間のふるまいはすべてその三つのカテゴリーの「いずれかに包摂される」と断定したそのあとに、「たとえば「知る」は「持つ」の一様相である」（Le *connaître*, par exemple, est une modalité de l'*avoir*）〔EN, 507〕とも書きそえていた〔本書、同頁〕。サルトルは、所有をめぐって考察を開始するにあたり、排他的に私的なかたちで所有することとはべつの仕方で所有することを念頭におき、ひとが世界をさまざまなかたちで所有するしだいを、あらかじめ思考の射程内に捕えていたことになるだろう。もういちど考えなおしておく必要がある。

べつのかたちで領有すること（一）——「認識する」ことと「見る」こと

サルトルによれば、「認識すること」（*connaître*）もやはりまた「領有すること」（s'approprier）である。認識すること、たとえば科学的な探究も「領有することへの努力のひとつ」にほかならない。「私」が制作した芸術作品が私の作品であるのとおなじように、「発見された真理」は私の真理となる。「私」は真理の「制作者」であるとともにその「所有者」なのだ〔EN, 666〕。

それだけではない。ただ見ることがそれ自体としてまた所有することとなる。どうしてだろうか。サルトルのテクストを引用しておく。

> 見るとは享受することであり、「見る」とは「花を散らすこと」である。もしひとが、認識するものと認識されるものとのあいだの関係を表現するため、ふつうに用いられる比喩的な表現のさまざまを調べてみるとするなら、そこから見てとられるのは、それらの表現の多くが、ある種の「見ることによる蹂躙」を示すものであることだ。未知の対象は無垢のものとして、処女として与えられており、それは純白にも比すべきものである。未知の対象はなおその秘密を《引きわたして》いない。人間はまだ、この対象からその秘密を《奪いとって》いないのである。〔*ibid.*, 666 f.〕

見ることそのものが花を散らすこと（*déflorer*）であり、蹂躙すること（*viol*）である。知られていない対象、見られていない客体はその背後に秘密を隠し、それゆえなお未知のものであり、なにも書きこまれていない白紙のように純白である。サルトルがここで、暗にカントの崇高論の一節[75]に言及しているとおり、未知のものはつねに神秘のヴェールを被っている。だから、ひとは認識することで「自然のヴェールを剝ぎとる」（On arrache les voiles de la nature）。見ること自体が自然にかけられた覆いを取りさることであり、対象をあらわにすることである。「あらゆる探究のうちにはつねに、裸体を覆いかくしている邪魔ものを取りのぞいて、裸体のままにさらけ出すという観念がふくまれている」（toute recherche comprend toujours l'idée d'une nudité qu'on met à l'air en écartant les obstacles qui la couvrent)。

ありふれた表現をサルトルとともにあえて使用しておくなら、「認識するとは眼で食べることである」(Connaître, c'est manger des yeux) といってよいだろう〔以上、667〕。——食べものを食べるときにひとは、その性質を味覚によって認識するだけではない。「それらの性質を味わうことで、私たちはそれらを領有する (nous nous les approprions)。味覚とは同化作用である」〔707〕。それればかりではない。食べ物は咀嚼されることで輪郭を失い、やがて消化され同化される。おなじように対象を認識するとは、対象を我がものとし、領有することなのである。

こうした言いまわしは、視覚と認識一般の捉えかたとしては、いわば過剰に暴力的で、世界に対して侵襲的なものであるかに思える。サルトルがここでもとりわけ性的なメタファーを好んでいる事情も、ことがらにそうした感触を加えるものであるように思われる。おなじ表現は、とはいえ、所有の捉えかえしとしては、そのイメージを拡大して、通常の所有の観念、とりわけ私的所有の観念を相対化してゆくものとなる。どうしてだろうか。すこし考えてみよう。

べつのかたちで領有すること (二)——中間考察：「所有」と「暴力」

かりにある種の原初的な生の状況を想定してみる。そのような状況にあってありふれたもの、いくらでも手にはいるものは、所有の対象として意識されないことだろう。おおくのばあい水や空気、環境によれば広大な土地や森林資源などがたとえばそうしたものである。こうしたものはたんに享受され消費されるだけであり、所有され蓄積されるといった迂回路を辿ることがない。

それらは、たとえば流れてゆく川のように、また大地を吹きぬける風のように、ひとがみなもとを知ることもなくたえず到来して、また不断に回帰するからである。――それでは所有とはなにか？　所有観念に固有な排他的な性格は、なにに由来するものなのだろうか？

とりあえず古典的定義に依拠するかぎりでは、なにものかを所有するとは、それを使用しうることであり、そのものから収益しうることであり、また当のものを譲渡し、あるいは破壊しうることである（ローマ法にいう、*usus, fructus, abusus*）。もうすこし限定しておこう。

もの、たとえば靴にはふたつの使いかたがありうる。ひとつは履いて用立てる（使用し、ある意味では収益すること）であり、もうひとつはたとえばそれをパンと交換することである〔アリストテレス『政治学』第一巻第九章〕。後者は、前者（*usus*）に対しては派生的な用法であり、ものを破壊することと並んでその *abusus* であることになる。所有者ではなく、たとえばなにかを貸与された者でも、当の（さしあたりは）物件を使用すること、そこから収益することが可能であり、また許容される（たとえば土地の場合）。だが所有者のみに通常は、所有物を破壊し譲渡することが許される。所有がなりたつポイントは、したがってこの *abusus* が成立するか否かという点にある。所有、たんなる占有（*possessio*）と区別されるかぎりでの所有とは、この意味での物件における完全な権力（*plena in re potestas*）としての *dominium,* つまり支配なのである。

所有とはかくして、一方では肯定であり、他方では否定である。肯定であるのは、所有されているかぎりでの対象は、所有の現在においては破壊されず譲渡もされていないからである。享受されるもの、口にされているもの、その意味で私のものは、私との境界をあいまいにしてゆき、やがては私であるもの、私そのものとなる。食物はたとえば咀嚼され消化されて、ほどなく同化される。所有の対象は、これに対して、私の外にある〝私ではないもの〟である。所有の対象は、それが所有されたままであるかぎり、その存在においては私に依存していない。

所有されているものはたほう、私に属するものである。所有物としてのその存在は私に対して依存的である。私はそれを破壊することができ、譲渡することができる。所有とは、そのかぎりではそうした全面的な否定がとりあえず〝宙吊り〟にされていることにほかならない。所有とは部分的否定であり、その意味では暴力であって、しかも潜在的な暴力である。支配一般が暴力によって最終的には担保されるように、所有は破壊という暴力を可能性としてやどしている。人的支配にあっては、暴力の現実的な行使が支配をときに覆す。所有についていえば、暴力が実際に行使されることは、つねに所有の現実的な解消となり、所有されたものの消滅を結果するだけであるとはいえ、所有は対象に対してその可能性において暴力的であり侵襲的なのである。

べつのかたちで領有すること㈢——エロス的な所有について

所有とは元来なにほどか排他的なものである。私的所有がそうであるばかりではない。共同的な所有にあっても、一定の共同体の外部、すなわち他の共同体の成員は、特定の共同的所有から排除される。持つとはそもそも対象の輪郭を手で摑むことであり、所有することはもとより所有されるものの境界を劃定するところに成立する。所有がかんらい排他的な性格を帯びることは、こうした消息のひとつの帰結にほかならない。

見ることがすでに所有することであるならば、あるいは所有することの範型が見ることであるとすれば、所有することは排他的なものではない。世界に対して侵襲的なものでも暴力的なものでもない。辛苦の果てに山頂に登攀して、広大な視点を獲得したとき、「私はこの観点である」。あるいは「この眺望は、地平線にまで拡大された私」であって、いま「この眺望は、私によってしか、私にとってしか存在しない」〔EN, 680 f.〕。風景はそのとき私のものである。私がいま眺望を所有していることは、とはいえ、その景色がかつては他者たちのものであり、やがてふたたび他者たちのものとなることを排除しない。私が眺望を視覚によって所有することはまた眼のまえにひろがる風景をすこしも侵襲することがないはずである。見ることによって所有することは、いわばエロス的に所有することなのだ。

じっさい『存在と無』は「他者に対する第二の態度」としてサディズムを論じる文脈ですでに、「愛撫」とは「他者の身体を領有しようとする」試みであり、「愛撫とは加工である」とも書いていた〔*ibid.*, 459〕。いま問題の所有論の脈絡で、あらためてサルトルが論じているように、しかしこの「占有」は身体のうえに「なんの痕跡も残さない」(la possession ne laisse aucune trace)。そうであるからこそ、その身体は不断にあらたに蠱惑的なものとなり、「滑らか」で「瑞々しい」ものとなる。「滑らかなその身体は、それを摑むことができるし、味わうこともできるが、それでもなお依然として浸透されえないものであって、領有しようとする愛撫のしたから、水のように逃れさってゆくものである(n'en demeure pas moins impénétrable, n'en fuit pas moins sous la caresse appropriative, comme l'eau)」〔668〕。

べつのかたちで領有すること㈣——サルトルからマルクスへ

『存在と無』はサルトルの代表的な哲学書である一方、その叙述はときに文学的な魅惑に満ちている。本書でも先に「同時に作家でもない哲学者は存在しない」という、これもベルナール゠アンリ・レヴィの言を通りすがりに引いておいたけれども〔六〇頁〕、『存在と無』のうちには、ときとしてたしかに、サルトルについて深くその間の消息を確認させるページが存在する。サルトルのこの代表的な哲学書から、もっとも美しい一節を引く〔以下、cf.670-674〕。

アルプス高原の雪原が目のまえに拡がっているとしよう。雪原は即自でしかない即自であるが、「それを見るとはすでに雪原を所有することである」（Le voir, c'est déjà le posséder）。

けれども私が接近し、この雪原に対して領有する接触を設定しようとするなら、いっさいは一変する。この雪原の存在の尺度が変様するのだ。この雪原は広大な空間に存在することを止めて、小刻みに存在するようになる。汚点や小枝や亀裂が、一センチ平方ごとに、個別的なすがたをあらわしてくる。と同時にこの雪原の堅固さは融けて、水となる。私が膝まで雪に没する、としよう。手で雪を摑もうとすれば、雪は私の指のあいだで溶けて、流れさり、もはやあとかたも残らない。即自が無に変容する。雪を領有しようとする私の夢想も、それと同時に消失してしまう。

一面に拡がる純白な雪原を見ることは、すでにその雪原を所有することである。けれども、雪を摑もうとする手のなかで雪は「溶けて、流れさり、もはやあとかたも残らない」（elle se liquéfie entre mes doigts, elle coule, il n'en reste plus rien）。雪は所有されない。私の夢は消えさって残らない（Mon rêve de m'approprier la neige s'évanouit en même temps）。

これに対して、スキーで雪面を滑降することこそが雪原を雪原のままに所有することである。雪面を滑りおりることで私は雪に対して「特種な領有化の関係」をもつことになる。この領有がすこしも侵襲的なものとならないとすれば、「滑走の理想はそれゆえ痕跡を残さない滑走だろう」（L'idéal du glissement sera donc un glissement qui ne laisse pas de trace）。それはあたかも「記憶ももたない」水のうえを滑り、愛撫の痕跡もとどめない身体の表面を愛撫するようなものである。そのとき「それは私の雪原である」（C'est *mon* champ de neige）。あるいは「この雪原は私のものである」（il est *à moi*）。——

よく知られているとおり、たとえばマルクスには、かつて『経済学・哲学草稿』「第三草稿」と呼ばれていた手稿群がある。そのなかでマルクスは「私的所有」とは、人間がみずからに対して疎遠なかたちで対象的となった形態であり、私的所有を廃棄することは、人間的本質とその生命とを感性的に獲得しなおすことであるけれども、そのさい獲得はたんに「占有する」（Besitzen）あるいは「所有する」（Haben）というだけの意味で捉えられてはならない、といった趣旨のことがらを述べたあとでつぎのように説いていた[76]。ここでは城塚登・田中吉六の訳文によりながら、すこしだけ字句をかえて引用しておく〔岩波文庫版、一三六頁〕。

人間は、かれの全面的な本質を全面的なしかたで、したがって一箇の全体的人間として、じぶんのものとする（aneignen）。世界に対する人間的諸関係のどれも、すなわち見ること、聞くこと、嗅ぎ、味わい、感ずること、思考し、直観し、感受すること、意欲し、活動して、愛すること、要するに人間の個性のすべての諸器官は、その形態のうえで直接に共同体的な諸器官として存在する器官とおなじように、それらの対象的なかかわりにあっては、あるいは対象に対するそれらのかかわりにおいては、対象の獲得（Aneignung）である。

手にすること《ハーベン》、ひとりのものとし《ベジッツェン》、私的に所有すること《アイゲントゥム》だけが「じぶんのものとすること《アンアイクネン》」ではない。世界を見、その音を聞き、感じ、しかも他者とともにそうすること、他者とともに世界にはたらきかけ、世界を享受する《ゲニーセン》こともまた、世界をともに持つこと、わかち合うことである。ここに拡がっている、或る種の豊かなイメージを感じとることができないとすれば、それは「私的所有が私たちをあまりに愚かにして、一面的にもしてしまった」（Das Privateigentum hat uns so dumm und einseitig gemacht）からなのだ。サルトルが展開した所有論、そこにはらまれたイマージュのひとつは、青年マルクスが書きとめた、世界の領有の夢想のごく近傍にあったように思われる。ある意味でサルトルは、公然とマルクス主義者を名のり、実存主義とマルクス主義との統合を唱える以前にこそ、若きマルクスとなにごとかを共有していたのである。

おわりに――サルトルという夢・その後

私たちはすでに、サルトルによれば性的欲望は「ねばねばして」おり、性的欲望にあって意識はいわば「ねばねばさせられている」ことを見た。またそのように語るときサルトルは、思うに性的欲望と肉体そのものとを憎悪しているしだいをも垣間みておいた。

性的欲望はいわば濁った水であって、それは透明な水と対比される。『存在と無』はそこで疑いもなく、流れる透明な水を好ましいもの、混濁し淀んでいる水を厭わしいものと見なしている。ボードレールにとってそうであったように、サルトルは性的な交渉にあってなお、距離をおいて相手を所有することを欲望しているのであり、本質的にはたんに見る者にとどまろうとしていたのである。相手の身体もじぶんの身体もひとしく汗ばみねばついて、世界が鳥もちで捕えられたかのようにねばねばしてくることを、サルトルは恐れているのだ（本書、一五五頁以下）。

サルトルは『存在と無』第二部で対象の性質をめぐる経験を問題としながら、「存在のあらゆる性質はそのまま存在である」（toute qualité de l'être est tout l'être）と主張していた。たとえばレモンの黄色はレモンそのものであり、その黄色こそがレモンであって、その色はレモンの酸味と切りはなすことができない。それだけではない。たとえばいまレモン・ジャムがあるとして、「ジャムの壺に指をつっこむとき、そのジャムのねばねばした冷たさは、私の指に対するジャムの甘ったるい味の顕示である」とサルトルは言う〔EN, 235 f.〕。

『存在と無』の著者にとっては、指にねばつくジャムの感触が厭わしい。サルトルはねばねばした冷たさ（la froideur gluante）を嫌悪する。あるいはほとんど恐怖している。

「ねばねばしたもの」(一)――苦悶する液体と世界の感触

『嘔吐』の主人公にとっては、たんにそこにあり、なまえもなく意味さえ欠いてふてぶてしく断乎としてそこにありつづけるもの、たとえばマロニエの根のように「どす黒く節くれだった、まったく野生そのままのかたまり」が吐き気の対象であった〔本書、一三三頁〕。『存在と無』の著者にあっては、およそ「ねばねばしたもの」（*le visqueux*）が止めようのない嫌悪の対象であって、隠しようもない嫌厭感を呼ぶものである。ねばねばしたものは、しかも、たとえばねばねばした握手（あるいは、握手したときにねばねばする掌）、ねばねばした微笑、ねばねばした思想、ねばねばした感情のように、いたるところに存在しており、いつでもひとを待ち伏せしている。それは（子どもはともかく成人にとっては）なにほどか直截的に感じとられる「特殊な性質」（qualité particulière）、厭わしく感じられる性状なのである〔EN, 695〕。

『存在と無』の第二部で書きとめられた、「存在のあらゆる性質はそのまま存在である」とする主張は、「レモンの黄色はレモンである」（il [=le jaune du citron] *est le citron*）というおなじ例に言いおよびながら、一字一句そのまま同書の第四部でふたたび繰りかえされている。ただし、第二部では文頭に置かれた「その意味では」（En ce sens）という限定が、第四部に登場する一文では削除される。主張が反復されることになる文脈はしかも、「ねばねばしたもの」をめぐる論脈にほかならない〔694〕。ここで、『存在と無』第四部のサルトルが、「ねばねばしたもの」を語りだす脈絡を確認しておく必要がある〔以下、cf. 697-701〕。

ねばねばしたものを問題としてゆくにさいし、サルトルはまず「根源的な投企に立ちもどってみよう」と読者にうながして、「根源的投企とは領有しようとする企てである」（Il [=le projet originel] est projet d'appropriation）と宣言する。この根源的な投企が「ねばねばしたもの」の存在を顕示させるとすれば、ねばねばしたものとはここで「所有されるべきねばねばしたもの」であることになる。「ねばねばしたものとの接触がつづくかぎり、私たちにとってはあたかもねばつきが、そっくりそのまま世界の意味であって、すなわち即自存在の唯一の存在様式であるかのような観を呈する」（tant que dure le contact avec le visqueux, tout se passe pour nous comme si la viscosité était le sens du monde tout entier, c'est-à-dire l'unique mode d'être de l'être-en-soi）。ねばねばしたものが私たちに与えるのは世界そのものの意味であり、むしろその感触である。あらためて、それではねばねばしたものとはなにか？

ねばねばしたものにより象徴されるありかたは等質性であり、また流動性の模倣である。ねばねばした実体は、松脂のように、変則的な流体である。〔中略〕けれどもそれと同時に、ねばねばしたものは本質的に曖昧なものとして自己を顕示する。ねばねばしたものにあって流動性は緩慢に存在するからである。ねばねばしたものは液体性のねばりである。すなわちねばねばしたものはそれ自体において液体に対する固体の勝利の兆しをあらわし、たんなる固体のしめす無差別な即自が液体性を凝固させようとするひとつの傾向、つまりそのような無差別の即自がこの即自を根拠づけるはずの対自を吸収しようとする、一箇の傾向をあらわしている。ねばねばしたものは水の苦悶なのである。

ねばねばしたものは、一方で「流動性の模倣」(l'imitation de la liquidité)である。それは、他方ではしかし「本質的に曖昧なもの」なのであって、そこで「流動性は緩慢に存在する」。ねばねばしたものは「液体性のねばり」であるとも言うことができるが、とはいえそこには「液体に対する固体の勝利の兆し」があらわれていると語ることも可能である。「ねばねばしたものは水の苦悶」である(Le visqueux est l'agonie de l'eau)。あるいは、ねばねばしたものとは、苦悩する液体なのである。

「ねばねばしたもの」(二)——即自によって吸収される対自

ねばねばしたものには「充実して濃厚な一箇の意味作用」(une signification pleine et dense)がある。それは「即自存在を私たちに引きわたし」、またねばねばしたものをねばねばしたものとして「把握すること」は「同時に世界の即自にとっては、自己を与えるさいの或る特殊な仕方を造りだしたことになる」からである。——『存在と無』においても、即自存在とは「永遠に余計なもの」であった〔本書、一三三頁〕。ねばねばしたものという感触は、即自としての世界についてそれが永遠に余計なものであって、手に負えないものであるという感触を与える。ねばねばしたものは「所有の意欲を阻喪させる」。その「凝固した不安定さ」によって阻喪させるのである（Cette instabilité figée du visqueux décourage la possession）。

一方ではたしかに、液体とりわけ「水」のほうが、ひとにとって所有しがたいものであるかのように思われる。水は逃亡しつづけるからだ。けれども「水が逃亡するものであるかぎりで、私たちは水の逃亡そのもののうちで水を所有することができる」（on peut la [=l'eau] posséder dans sa fuite même, en tant que fuyante）。ほんとうは、ねばねばしたものは透明に流れる水よりも、本質的なかたちで所有に抵抗するものなのだ。

一滴の水を水面に落とせば、一滴の水はただちにそれじたい水面と混じりあってゆく。これに対して、たしかに、スプーンからポットのなかの蜂蜜のうえに流れおちる蜂蜜はまず「浮彫り」となって、蜂蜜の表面に盛りあがる。たとえばまた水を地面にぶちまければ、水は流れていってしまう。ねばねばしたものは伸びひろがって、やがて平たくなる。だから、ねばねばしたものは「所有しうる一箇の存在」という印象、「従順」なものという感触を与える。しかしながら、「私がそれを所有していると思ったまさにその瞬間に奇妙な逆転が生じて、ねばねばしたもののほうが私を所有してしまう」。私が手をひろげて、ねばねばしたものを手ばなそうとしても、ねばねばしたもののほうが「私にねばりつき、私を吸いあげ吸いこむ」（il adhère à moi, il me pompe, il m'aspire）。私は所有するものに所有される。かくして、「ねばねばしたものとは即自の復讐なのである」（Le visqueux, c'est la revanche de l'En-soi）。それは、とサルトルは余計なひとことも付けくわえることを忘れない。「べつの次元では甘さという性質によって象徴される、甘い女性的な復讐」なのである（Revanche douceâtre et féminine qui se symbolisera sur un autre plan par la qualité de *sucré*）〔以上、697-701〕。

この世界はねばねばしている。それは一方では変幻自在にどろりとすがたを変じるものであるように見え、盛りあがり、伸びひろがって、やがて平たくなる従順なもののように見えながら、他方で本質的に変化に対して抵抗し、人間の抱くあらゆる企図を手なずけ、それを屈曲させて、無効にさせる。世界がねばねばしたものであるかぎり、やがて「吸い取り紙がインクを吸収するように即自が対自を吸収」してしまう。「ねばねばしたものに対する恐怖」とは「時間がねばねばしたものになってしまいはしないかという恐怖」であり、また「事実性がたえず知らないうちに進行して《事実性を存在する》対自を吸いこみはしないか（n'aspire le Pour-soi qui « l'existe »）という恐怖である」〔EN, 702〕。

「ねばねばしたもの」㈢——アナーキズムとテロリズム

対自は即自を領有しようとする。それぞれの人間存在は「自己自身の対自を即自—対自に変身させようとする直接的な企て」であり、同時にまた「即自存在の全体としての世界を領有しようとする企て」（projet d'appropriation du monde comme totalité d'être-en-soi）である〔*ibid.*, 707 f.〕。世界がねばねばしたものであるかぎりで、この企ては挫折してしまう。ねばねばした世界は人間の企図を座礁させ、人間存在の自由は世界のねばつきのなかで暗礁に乗りあげる。

ねばねばした世界とは、たとえばヴェルサンジェトリクス通りで物乞いをするしかないおとこが、マドリッドに行こうとして結局は行くことのできなかった世界である。それでいていつまでも「あすこに行きたかった。ほんとうだ。ただ、そうはいかなかった」と悔やみつづけ、繰り言を呟きつづける世界である。ねばねばした世界とはまた、恋人が望まない妊娠をし、子どもを闇から闇へと葬るために金策に走りまわる世界、友人であったはずのダニエルも、そればかりか兄のジャックすら借金の申し出に耳を貸さない世界である。ねばねばした世界とはくわえてまた、クラブでとなりのテーブルに座った婦人が咎めるような視線を送ってくる世界であり、とつぜんイヴィックが我が身をナイフで傷つける世界であり、憤激のあまりみずからの掌にナイフを突きたてる世界である。ねばねばした世界とは、ボリスに煽られて、ローラの部屋から五千フランを盗みだそうとして、しかしいったんはすごすごと引きさがってしまった世界であり、イヴィックとの不愉快な会話のあと、みっともなくもういちどローラの部屋に忍びこんだ世界であり、五千フランを手渡してマルセルに面罵された世界であり、「おまえもスペインに行きたかったというわけか?」とダニエルに問われて、「ああ、まあすこしは、な」(Oui. Pas assez) と答えてしまう世界である。それはまた、ポン・ヌフの欄干に腰かけてセーヌの流れを見つめ、漠然と自死へと思いを馳せながら、なにひとつとして行動に移すことのできなかった世界である。ねばねばした世界とは、いうなればまたオデットに好意を抱きながらキスひとつできず、本を書きおろすことも旅行に出ることもできなかった世界なのであった。要するに、マチウがゆくりなく殿軍の一員となり、ドイツ兵に追いつめられ友軍の兵をつぎつぎと失って、教会の鐘楼から銃を撃ちつづけたとき、銃の一撃一撃で破壊しようとした世界こそねばねばした世界であり、自由がつねに卑小で矮小なものとなってしまうほかはない、この世界なのであった。

「〈自由〉、それは〈テロ〉だ」(la Liberté, c'est la Terreur)、とマチウは考える。そのとおりなのである。世界をねばねばした世界、自由な人間存在に執拗に絡みつく泥濘として嫌悪して、ひたすら銃口を向けることで世界を破壊しようとする衝動はアナーキズムに固有な衝動であり、そこから帰結するものは、純粋なテロリズムにほかならない。マチウは、たしかに純粋で全能、くわえるに自由であった。ただしほんの十五分だけ自由だったのである。――人間存在は「即自存在の全体としての世界を領有しようとする企て」であった。人間存在はそのため「あえて自己を失うことをくわだてる」(elle [=réalité humaine] projette de se perdre)。その点で「すべての人間存在は一箇の受難である」(Toute réalité humaine est une passion)〔EN, 708〕。先にも引いたところによれば、それはしかも「ひとつの無益な受難」なのである〔本書、一〇頁〕。

戦後のサルトル――コミュニズムとの関係

ボーヴォワールの回想録『女ざかり』を、本書でもすでに引いておいた〔一二三頁〕。おなじ回想によるならば、ボーヴォワールとサルトルがなお若かった日々、かの女もかれもその仲間たちも「自由に対する愛」に燃えたち、その内心は「既成秩序に対する反感」で滾《たぎ》りたっていた。かれらはその意味で「アナーキストたちの立場に近かった」。じっさいのところ、事情はそのとおりであって、若きサルトルの思考の背景となったものはさしあたりコミュニズムではなく、フランス社会伝来のアナーキズムなのであった。この件を、たとえば三宅芳夫も周到に腑分けしてみせている（『知識人と社会』岩波書店、二〇〇〇年）。

サルトルが戦後、一方ではフランス知識人界のスターとなって、他方ではコミュニズムを代表する組織（フランス共産党）とのあいだに複雑な関係をいくたびも切りむすんでゆく経緯については、およそサルトルを主人公とするあらゆる評伝にくわしい。ここではとりわけA・コーエン＝ソラルの大作なども参照しながら、サルトルという夢のゆくえを見とどけるのに必要なかぎりで、戦後サルトルの軌跡をごくかんたんに点描しておこう。

サルトルは一九四五年十月二十九日「実存主義はヒューマニズムか？」と題して、講演をおこなう。本書の「はじめに」ですでにふれておいたように、講演会場クラブ・マントナンは聴衆であふれた。このスキャンダラスな講演は翌日の新聞でも大きく報道されて、ひろく評判をよび、講演者サルトルを一気にスターダムへと押しあげる。

同年の秋が暮れて、冬がはじまろうとする季節、サルトルはすでに発言するフランス知識人の中心にいた。哲学者はつとに戦中、大著『存在と無』を刊行しており、文学者としては占領下で「蝿」や「出口なし」を上演して、また第一部と第二部が公表された長篇小説『自由への道』の作者である。ジャーナリストとしてサルトルはまた、ボーヴォワールやメルロ＝ポンティとともに創刊した月刊誌『レ・タン・モデルヌ』の編集長ともなっていたのであった。

講演でサルトルは、人間には本質が存在しない以上、人間はかえって「みずからがそれであるもの」に対して責任がある、と説いていた。それだけではない。人間存在はじぶんに責任を負うことによって同時に全人類に対して責任をもつ。単独者はみずからの選択において全人類を選択する。『実存主義はヒューマニズムである』の著者はそう主張した〔本書、一二頁以下〕。

翌一九四六年、サルトルは『レ・タン・モデルヌ』の七、八月号に、長大な論攷を発表する。「唯物論と革命」と題されたテクストである。第二次世界大戦後ながく展開された、サルトルとコミュニズムとの、またサルトルとフランス共産党との、そして或る意味で（あるいは決定的な意味で）サルトルと正統的マルクス主義（スターリニズム）とのあいだの対質の（もしくは罵詈雑言の往復の）はじまりである。サルトル自身が論文を著書に収めるさいに注記をくわえていたとおり、「唯物論と革命」は「スターリン的なあらたなマルクス主義をとおして（*à travers* le néo-marxisme stalinien）、マルクスへと向けられて」いたのである〔SP, 81 note〕。

「唯物論と革命」から「コミュニストと平和」へ

サルトルはすでに、実存主義がヒューマニズムであると主張したさいに、実存主義的ヒューマニズムはしかし古典的な意味でのヒューマニズムではないことを強調していた。かつてのヒューマニズム、古典的なヒューマニズムは、人間の内部に「目的」をみとめる。実存主義的ヒューマニズムはそうではない。人間はむしろみずからの外部にあり、「みずからを投企して、みずからをみずからの外部に喪失することで」（en se projetant et en se perdant hors de lui）人間となるからである〔EH, 76〕。「唯物論と革命」は、サルトル自身の思いにそくして語るなら、この実存主義的ヒューマニズムの立場から、ようやくすがたをあらわしはじめたスターリニズムに対して放たれた鏑矢ということになるだろう。

「唯物論と革命」のサルトルが考えるところによれば、一方で革命的思想もまた「状況のうちにある思想」(*une pensée en situation*)である。それは抑圧に対して反抗するかぎりで、被抑圧者が協働して形成し、共同的にになう思想にほかならない〔SP, 112〕。あらゆる革命的思想の根底にはしかし他方、すべての人間が平等であり、平等であるべきだとするヒューマニズムが流れている。そのヒューマニズムは、とはいえ古典的なヒューマニズム、あらゆる人間に内在する神的な権利や、あるいは人間の生まれながらの尊厳に訴える思想ではありえない。その思想はむしろ支配階級の、つまりは抑圧者たちの思想であるからだ。実存主義にもとづく革命的思想は「人間の尊厳」にもとづくものではなく、かえってその反対に、人間になんら特別な尊厳をみとめない思想である(Son humanisme ne se fonde pas sur la dignité humaine, mais dénie, au contraire, à l'homme toute dignité particulière)。神が存在しない以上、神的な権利をそなえた人間も存在しない。人間にはまた生まれながらの尊厳など内在していない。人間はむしろ、無意味で正当化不能な存在しか有しておらず、いっさいの人間はそうした「正当化することのできない偶然的な現われ」(apparition injustifiable et contingente)であるという一点で平等なのである〔*ibid.*, 117〕。当時のサルトルの立場からすれば、かくして、マルクス主義(あるいはスターリニズム)ではなく、実存主義こそが革命的思想であることになるだろう。

これはすくなくとも当時の問題の脈絡からすれば、フランス共産党に対する闘争宣言にもひとしい。サルトルはそしてじっさい一九四八年には、ルーセ、ロザンタール等とはかって、革命的民主連合（ＲＤＲ）を結成することになる。それはいまだ新左翼政治組織の成立とは言えないにしても、すくなくとも非共産党的な左翼運動のフランスにおける登場であった。

戦後も、しかし世界は激動する。一九四九年に中国で社会主義革命が成功して、そののち一年を経ず一九五〇年には朝鮮戦争が勃発した。それはソヴィエト連邦（ならびに中華人民共和国）に代表される東側勢力と、アメリカ合衆国を頂点とする西側勢力との最初の激突であって、ここに東西の軍事的・政治的緊張が否応なく高まってゆく。そのような情況のなか、多くの知識人は東西の体制の選択、思想の選択を迫られていた。――ＲＤＲの試みは、二年足らずで挫折する。アメリカ帝国主義を選択することは問題とならず、かといって（かつての盟友メルロ＝ポンティのように）沈黙することは政治的な敗北なのであった。

サルトルの選択は、一九五二年の春にあきらかとなる。「コミュニストと平和」が発表されて、私たちの哲学者はソヴィエトを支持し、フランス共産党を援護した。ソヴィエト連邦は、地上に社会主義を実現する可能性をもった（それでもやはり現実性ではない）最初の国家であり、党は大衆をプロレタリアートとして組織する唯一の前衛であることを、自由と不条理の文学者もまた承認したのである。

「ウルトラ・ボルシェビズム」の時代

メルロ＝ポンティをはじめとする『レ・タン・モデルヌ』のかつての協力者たち、おなじ夢をひとたびは紡いだ者たちが、既存の体制と党派へのサルトルの急接近を訝り、これを批判する。

ソヴィエト連邦や中華人民共和国、またキューバの評価をめぐり、他方でまたフランス共産党との関係をめぐって、多くの友人との離叛が以後もたえず繰りかえされ、サルトル個人にとってはいくとおりもの不幸がたえず反覆されてゆくことになるだろう。

戦後まもない共和国のなかでフランス共産党は《レジスタンス神話》を、しかもドゴールとの対極にあって体現している。それだけではない。一九四六年に勃発したインドシナ戦争下、海軍兵士による戦争反対ビラ配布事件が起こったとき（一九五〇年のマルタン事件）、フランス共産党は、マルタンを擁護するがわに動いた。のちにアルジェリア戦争（一九五四―六二年）で精力的に反戦運動を展開するサルトルは、インドシナ戦争のさいもこの事件については積極的に発言して、ミシェル・レリスたちとともに、急遽『アンリ・マルタン事件』〔邦訳名は『反戦の原理』〕を出版する。共産党の再評価は、こうした現実の動きとも連動していたことだろう。それにしても、共産党に対する過度な譲歩は、サルトルとその仲間たち、『レ・タン・モデルヌ』に結集した同志たちにとっては譲ることのできないはずの価値を、つまり《自由》を毀損するものであるかに見えた。フランス共産党もまたスターリニストの政党であるほかはなかったからだ。

そもそもの問題は「反抗か、革命なのか？」を主題に争われた、カミュとの論争も（フランシス・ジャンソンを挟んで）やや変則的なものであったとはいえ、その一局面にすぎない。自由は富の過剰とともに消えさるものである（liberté qui disparaît dès que commence l'excès des biens）と考えて〔カミュ『裏と表』〕、サルトルのそれともかよい合う générosité〔気前良さ〕を体現していた、実存主義を文学的に代表する小説家との親密な交流も、一九五二年には途絶えた。この行きちがいも当時のひとびとの目には、サルトルが悪しき「ウルトラ・ボルシェビズム」（メルロ＝ポンティ）に染まっていたこととかかわりがある事件と映じたに相違ない。

一九五六年十月のすえ、ハンガリー動乱が起こる。当時、ブダペスト市民は、自由をもとめてデモを繰りかえしていた。ソヴィエトの軍隊がこれに武力介入して、二度にわたって戦車が市民たちの運動を蹂躙する。一般市民の虐殺をともなった一連の悲劇は、この国でも前年のいわゆる六全協ショック（日本共産党の全国大会で、それまでの武装闘争路線が清算された事件）に引きつづく衝撃となり、やがて新左翼運動を生んでゆくきっかけともなっていった。

サルトルの対応は、独特な動揺を見せてゆく。事件にさいしてサルトルはただちに、二十一名の作家との連名で抗議文を発表した。さらに個人としても雑誌のインタビューに答えて、ソ連軍の侵入を犯罪と名ざし、ソヴィエト政府ならびにフランス共産党との絶縁を宣言する。サルトルはまさにスターリニズムと訣別しようとしたのだ。しかし、その二か月後の論文「スターリンの亡霊」はスターリニズムを、内外の情勢に対応した「迂回」であると評価するにいたる。強権的なスターリン政治体制が、失墜する瀬戸際で、自由の哲学者によって聖別されたのである。

「乗りこえ不可能」な哲学？

右の判定は、戦争の継続と革命の変質の時代に誠実な苦闘を重ねた一知識人に対し、あるいは刻薄な評価かもしれない。この実存の哲学者にはまた、よく知られているとおり透徹した植民地主義批判があり、とりわけ一九五四年十一月一日以来のアルジェリア戦争に対する積極的で果敢な闘争がある。サルトルと『レ・タン・モデルヌ』誌は、当局の妨害や極右組織の脅迫のさなか徹底した抵抗を組織した。六〇年代初頭、サルトルの寓居には二度にわたってプラスチック爆弾が仕掛けられ、『レ・タン・モデルヌ』は繰りかえし発禁処分の対象となる。フランツ・ファノンとの美しい連帯が築き上げられたのも、そうした動向のただなかにおいてのことである。植民地主義に対する断乎たる闘争は、一九六二年のアルジェリア独立後もべつのかたちで継続されて、サルトルはベトナム戦争ではアメリカ合衆国をつよく批難し、ベトナム戦争犯罪国際裁判（いわゆるラッセル法廷である）では議長をも引きうけている。

とはいえここでは、マルクス主義との関係に焦点を絞っておこう。実存主義を標榜し、一世を風靡した哲学者は、ある意味では現状のままで屈曲して、現に存在するマルクス主義に屈服してゆく。よく知られた、その宣言を引く〔QM, 12; CRD I, 21〕。

> かりに哲学が、同時に〈知〉の全体化であり、方法であり、統制的な〈理念〉であって、また攻撃の武器であり、言語の共同体である、としよう。さらに、この《世界像》が蝕まれた社会に働きかける道具であり、またひとりの人間、あるいは何人かの人間の集団の産んだこの独特な概念が一階級全体の文化となり、ときにその自然ともなる、としてみよう。そうであるならば、きわめてあきらかなことに、哲学的な創造の劃期はごく稀少なものである。十七世紀から二十世紀にかけて、私としてはそのような劃期が三つあることを見てとることになるが、いまそれを著名なまえを挙げることで示すなら、すなわちデカルトとロック、

カントとヘーゲル、最後にマルクスの《時節》があったのである。この三つの哲学は、それぞれ順番に、すべての個別的な思想を育む腐植土となり、いっさいの文化の地平を限定するものとなって、おのおのが乗りこえ不可能なものとなる。それは、これらの哲学がその表現である歴史的な時節が乗りこえられないかぎりは、乗りこえ不可能なのである。

つまり現代にあっては、マルクス主義こそが乗りこえ不可能(indépassable)な哲学なのだ。この近代が、いまだ乗りこえられていない(n'a pas été dépassé)からである。

マルクス主義へのサルトルのこの明示的な転回は、けれども哲学的には皮肉な結果だけを生むことになった。生前にはその第一巻のみが公刊された『弁証法的理性批判』は、サルトル本人としては、まさに現に存在するマルクス主義の落丁を実存主義の立場から補うものと考えていたにしても、現在の眼から見てこの浩瀚な著作が巨大な失敗作であったことはほとんど覆いがたい。それがすくなくとも哲学的にはまったく魅力を持たない一書であることは、サルトル主義者以外のあらゆる哲学研究者が、一致してみとめるところであるはずである。

《夢》のゆくえ――「サルトル、短くしてくれ」

一九六八年を、たとえばウォーラーステインは(一八四八年に引きつづく)二度目の世界革命と呼ぶ。たしかにその年、先進諸国では学生叛乱が同時多発的に勃発して、この国のキャンパスと街頭もその波に揺れた。なかでもフランスの五月は、そのような時代の象徴的な事件として、永く記憶されることになる。六八年五月のパリ、世にいう《五月革命》である。サルトルは断乎として〝革命〟を支持し、学生と労働者たちに対する連帯を表明して、ここでも時代の若さと若者たちの傍らに立つ。とはいえ学生たちのあいだでサルトルのなまえはもはや昔日の輝きをもたなかった。乞われてソルボンヌの集会に参加した哲学者に対して、主催者側がメモをまわし、「サルトル、短くしてくれ」(Sartre, sois bref) と要求したという[77]。

叛乱の季節が過ぎて、ある意味で状況がサルトルを置きざりにする。状況から取りのこされ、サルトルはそのときはじめて「スター」として行動する、と宣言した。「人民の大義」という極小グループの機関紙を街頭で売るためである。あらゆる運動が退潮したとき、サルトルはふたたび決然として〝過激派〟の擁護にまわった。最晩年のサルトル、すでに光をも失った老哲学者を、最後にベトナム難民の問題が突きうごかす。七〇年代のすえにサルトルは、ボート・ピープルの救援のため新旧の敵対者、レイモン・アロンとアンドレ・グリュックスマンに左右から支えられて、エリゼ宮に向かう。これが、サルトルのほとんど最後の政治的行動となった。

サルトルにとって誕生と死は「一箇のたんなる事実」である。「私たちが生まれることは不条理であり、私たちが死ぬということも不条理である」〔EN, 630 f.〕。私たちの哲学者はその生と死とのあいだを駆けぬけて「おまけに」死んだ〔*cf. ibid*, 633〕。その間サルトルは多くのあやまちも犯したけれど、その一生は、最晩年の女友達のひとりがそう書いていたように「希望しないことよりも、失望させられること」(être déçu à ne pas espérer)〔フランソワーズ・サガン『私自身のための優しい回想』〕を敢えてえらんだ生涯だったのである。

註

1 M. Heidegger, *Sein und Zeit*, Max Niemeyer 1927, p. 1.

2 *Ibid.*, p. 35.

3 H. Diels / W. Kranz, *Die Fragmente der Vorsokratiker* Bd. 1, Nachdruck der 6. Aufl., Weidmann 1972, p. 232 f.

4 G. W. F. Hegel, *Vorlesungen über die Geschichte der Philosophie I*, *Werke* Bd. 18, Suhrkamp 1971, p. 437.

5 *Ibid.*, p. 436.

6 G. W. F. Hegel, *Wissenschaft der Logik I*, *Werke* Bd. 5, Suhrkamp 1969, p. 82.

7 *Ibid.*, p. 83.

8 G. W. F. Hegel, *Enzyklopädie der philosophischen Wissenschaften I*, *Werke* Bd. 8, Suhrkamp 1970, p. 186. なお、当面の論点をめぐる『エンチクロペディ』の所論を逐条的に分析したものとしては、A. Léonard, *Commentaire littéral de la logique de Hegel*, Vrin 1974, p. 43 ff. がある。

9 G. W. F. Hegel, *Wissenschaft der Logik I* (n. 6), p. 86.

10 E. Lévinas, *Théorie de l'intuition dans la phénoménologie de Husserl*, Vrin 2001, p. 69. 直前のフッサールからの引用は、E. Husserl, *Ideen zu einer reinen Phänomenologie und phänomenologischen Philosophie I*, *Husserliana* Bd. III/1, hrsg. von K. Schuhmann, Martinus Nijhoff 1976, p. 187 f. からのもの。

11 R. Descartes, *Discours de la méthode*, Texte et commentaire par É. Gilson, 6e éd., Vrin 1987, p. 34.

12 M. Heidegger, *Sein und Zeit* (n. 1), p. 7.

13 H. Bergson, *L'évolution créatrice*, 4e éd., PUF 1889, p. 282 f.

14 *Ibid.*, p. 283.

15 M. Heidegger, *Sein und Zeit* (n. 1), p. 187.

16 M. Heidegger, *Was ist Metaphysik?*, Vittorio Klostermann 1965, p. 35. ハイデガーの提題を受けてサルトルが、遺稿『真理と実存』のなかで「存在の夜」（La Nuit de l'Être）について語りだしているのは興味ぶかいところである〔VE, 87〕。

17 R. Descartes, *Discours de la méthode* (n. 11), p. 32.

18 É. Gilson, *La liberté chez Descartes et la théologie*, Vrin 1987, p. 211. ちなみにジルソンが戦後の著作で、ハイデガーの所論に検討をく

わえているほか、サルトルに対してまとまったかたちで言及している。Cf. *idem*, *L'être et l'essence*, Vrin 1987, p. 357 ff.

19 たとえば、impressions と区別された ideas 一般を faint images と呼ぶヒュームがその典型。D. Hume, *A Treatise of Human Nature*, *The Philosophical Works* vol. 1, Scientia Verlag Allen 1964, p. 311.

20 B-H. Lévy, *Le siècle de Sartre*, Grasset 2000, p. 76.

21 R. Descartes, *Discours de la méthode* (n. 11), p. 31.

22 *Ibid.*, p. 31 f.

23 *Ibid.*, p. 32.

24 *Ibid.*, p. 32 f.

25 I. Kant, *Kritik der reinen Vernunft* (1781 / 1787), A 105. 慣例によって、Aは一七八一年刊行の第一版の頁づけ、Bは一七八七年出版の第二版の頁づけを示す。

26 *Ibid.*, B 131 f.

27 *Ibid.*, B 132.

28 「自我の超越性」と『存在と無』とにおける、サルトルの所説の連続性・非連続性という問題については、ここでは立ちいらない。Cf. M. Jaoua, *Phénoménologie et ontologie dans la première philosophie de Sartre*, L'Harmattan 2011, p. 100 f.

29 B. Pascal, *Pensées*, Texte de l'édition Brunschvicg, n° 388, Garnier 1925, p. 171.

30 M. Merleau-Ponty, *Phénoménologie de la perception*, Gallimard 1945, p. 463.

31 M. Heidegger, *Sein und Zeit* (n. 1), p. 68.

32 *Ibid.*, p. 12.

33 I. Kant, *Kritik der reinen Vernunft* (n. 25), B 282 f.

34 *Ibid.*, B 626.

35 『存在と無』における時間論にあらためて注目したものとして、cf. A. Kremer Marietti, *Jean-Paul Sartre et le désir d'être*, L'Harmattan 2005, p. 33 f.

36 H. Bergson, *Matière et mémoire*, PUF 1939, p. 166.

37 シェーラーの遺稿中に「羞恥と羞恥感情」と題された論攷があり、「身体的羞恥」（Leibesscham）が主題的に論じられている。シェーラーの場合には、これが性的羞恥心との関連で問題となる。Cf. M. Scheler, Über Scham und Schamgefühl, in: *Gesammelte Werke* Bd. 10, 3. Aufl., Bouvier 1986, p. 69 ff.

38 A・シュッツの表現。Cf. A. Schütz, *Der sinnhafte Aufbau der sozialen Welt* (1932), Suhrkamp 1974, p. 137 ff.

39 以下、類推説ならびに感情移入説に対する批判については、シェーラーならびにカッシーラーそれぞれの所論を参照。Cf. M. Scheler, *Wesen und Formen der Sympathie*, in: *Gesammelte Werke* Bd. 7, 6. Aufl., Bouvier 1973, p. 233 ff.; E. Cassirer, *Philosophie der symbolischen Formen* Bd. III, Wissenschaftliche Buchgesellschaft 1977, p. 97 ff.

40 M. Scheler, *op. cit.*, p. 234; E. Cassirer, *op. cit.*, p. 97.

41 A. Schütz, *Der sinnhafte Aufbau der sozialen Welt* (n. 38), p. 29 f.

42 Cf. M. Scheler, Die Idole der Selbsterkenntnis, in: *Vom Umsturz der Werte*, *Gesammelte Werke* Bd. 3, 5. Aufl., Francke 1972, p. 265 f.

43 M. Scheler, *Wesen und Formen der Sympathie* (n. 39), p. 254.

44 E. Cassirer, *Philosophie der symbolischen Formen* Bd. III (n. 39), p. 99.

45 M. Merleau-Ponty, *Phénoménologie de la perception* (n. 30), p. 215, 271.

46 E. Husserl, *Ideen zu einer reinen Phänomenologie I* (n. 10), p. 60.

47 E. Husserl, *Cartesianische Meditationen und Pariser Vorträge*, *Husserliana* Bd. I, hrsg. v. S. Strasser, 2. Aufl., Martinus Nijhoff 1973, p. 121.

48 *Ibid.*, p. 123.

49 これもA・シュッツの表現。A. Schutz, Sartre's Theory of the Alter Ego, in: *Collected Papers* I, ed. by M. Natanson, 4. ed., Martinus Nijhoff 1973, p. 195.

50 Cf. E. Husserl, *Cartesianische Meditationen* (n. 47), p. 138 ff., 145 ff.

51 N. Hartmann, *Grundzüge einer Metaphysik der Erkenntnis* (1921), 5. Aufl., Walter de Gruyter 1965, p. 563.

52 M. Heidegger, *Sein und Zeit* (n. 1), p. 125.

53 *Ibid.*, p. 118.

54 *Ibid.*

55 ヘーゲル『精神現象学』のドイツ語原書は、当時入手が容易なもの（グロックナー版、ラッソン版）についていえば、いずれも一巻本である。ここで「第一巻」とあるのは、二巻本として刊行されたJ・イポリットのフランス語訳のそれを指している。イポリット訳が公刊されたのが一九四一年、『精神現象学』「自己意識」章については、cf. J. Hyppolite, *Genèse et structure de la Phénoménologie de l'esprit de Hegel*, Aubier 1946, p. 139 ff.

56 G. W. F. Hegel, *Phänomenologie des Geistes*, *Werke* Bd. 3, Suhrkamp 1970, p. 138.

57 *Ibid.*, p. 144.

58 *Ibid.*, p. 145.

59 G. W. F. Hegel, *Wissenschaft der Logik I* (n. 6), p. 127. ヘーゲルの「或るもの」論それ自体は、むしろ自他関係を原型として発想されたものであると思われる。そのような解釈については、K. Löwith, *Das Individuum in der Rolle des Mitmenschen*, in: *Sämtliche Schriften* Bd. I, hrsg. von K. Stichweh, J. B. Metzlersche Verlagsbuchhandlung 1981, p. 79 ff.

60 G. W. F. Hegel, *Phänomenologie des Geistes* (n.56), p. 24. ヘーゲル批判のこの論点は、かたちを変えて後年まで引きつがれてゆく。たとえば、〔CRD I, 319 f., CRD II, 141 ff.〕参照。

61 M. Scheler, *Wesen und Formen der Sympathie* (n. 39), p. 238.

62 *Ibid.*, p. 254 f.

63 G. W. F. Hegel, *Frühe Schriften, Werke* Bd. 1, Suhrkamp 1971, p. 245.

64 *Ibid.*, p. 247.

65 G. W. F. Hegel, *Phänomenologie des Geistes* (n.56), p. 152. ちなみにコジェーヴはこの弁証法を「歴史的過程を動かす原理」と呼ぶ。Cf. A. Kojève, *Introduction à la lecture de Hegel*, Gallimard 1947, p. 172. コジェーヴの講義はサルトルと同年代の哲学者たちに多大な影響を与えたが、サルトル自身はその講義に出席していないようである。

66 *Ibid.*, p. 478.

67 B-H. Lévy, *Le siècle de Sartre* (n. 20), p. 69 ff.

68 H. Bergson, *Essai sur les données immédiates de la conscience*, 155e éd., PUF 1982, p. 105 f.

69 G. W. F. Hegel, *Phänomenologie des Geistes* (n.56), p. 344, 537.

70 *Ibid.*, p. 346, 349.

71 G. W. F. Hegel, *Grundlinien der Philosophie des Rechts, Werke* Bd. 7, Suhrkamp 1970, p. 217.

72 『存在と無』第四部の行為論では、歴史的な事象への言及が多く登場し、ほかの部分との顕著な違いともなっている。ちなみに、『存在と無』の行為論の構図について、かんたんに箇条書きふうに整理したものとして、cf. A. Münster, *Sartre et la Praxis*, L'Harmattan 2005, p. 75 f. なお、挫折した倫理学構想にかかわる遺稿群には、「個々の歴史的な存在は同時に非歴史的な絶対である」(chaque être historique est en même temps un absolu ahistorique)とする宣言が見られ〔CM, 32〕、逆に『弁証法的理性批判』では随所に歴史的事件によって論点を例解する箇所が見とめられる。

73 H. Bergson, *Essai sur les données immédiates de la conscience* (n. 68), p. 129.

74 I. Kant, *Metaphysik der Sitten*, in: *Gesammelte Schriften* Bd. VI, hrsg. von der Königlich Preußischen Akademie der Wissenschaften, Georg

Reimer 1914, p. 336.

75 Cf. I. Kant, *Kritik der Urteilskraft*, in: *Gesammelte Schriften* Bd. V, Georg Reimer 1913, p. 316 Anm.

76 K. Marx, *Werke · Artikel · Entwürfe, März 1843 bis August 1844*, *Karl Marx / Friedrich Engels Gesamtausgabe* (MEGA), Erste Abteilung : Werke · Artikel · Entwürfe, Bd. 2, Diez 1982, p. 268. Cf. *ibid*., p. 438.

77 Cf. A. Simonin / H. Clastres, *Les idées en France 1945-1988. Une chronologie*, Gallimard 1989, p. 247.

参考文献

サルトルの著作は、生前刊行された主要な作品については、すべて『サルトル全集』（人文書院）所収の邦訳で読むことができる。『存在と無』（松浪信三郎訳）については、現在ではちくま学芸文庫で入手可能である。なお全集版では原書・初版のページ付けが示されていたが、学芸文庫版はいわゆるTEL（一九九六年）版のページ付けに改められているので、あらたな読者にとってあるいは便利な面があるかもしれない。

その他、著者没後に発表された遺稿等にかんしても、人文書院からいくつかの翻訳が出版され、昨年（二〇二一年）には『家のバカ息子』の邦訳も完結した。また『嘔吐』には新訳（鈴木道彦訳、人文書院）が出て、さらに『自由への道』（海老坂武・澤田直訳、全六冊）は現在、岩波文庫でも読むことができる。ほかに『聖ジュネ』（白井浩司・平井啓之訳、全二冊）その他、いくつかの文学作品はかつて新潮文庫に収録されており、現在でも古書として入手可能である。

以下、主要な参照図書を、邦語文献、翻訳書に分けて挙げておく。

＊

足立和浩『人間と意味の解体　現象学・構造主義・デリダ』勁草書房、一九七八年
市倉宏祐『現代フランス思想への誘い』岩波書店、一九八六年
市倉宏祐『ハイデガーとサルトルと詩人たち』NHK出版、一九九七年
梅木達郎『放浪文学論　ジャン・ジュネの余白に』東北大学出版会、一九九七年
梅木達郎『サルトル　失われた直接性を求めて』NHK出版、二〇〇六年
海老坂武『否認の言語へのノート』晶文社、一九七一年
海老坂武『サルトル　「人間」の思想の可能性』岩波新書、二〇〇五年
海老坂武『フランツ・ファノン』みすず書房、二〇〇六年
海老坂武『サルトル　実存主義とは何か　希望と自由の哲学』NHK出版、二〇二〇年
片山洋之介『日常と偶然』理想社、二〇一六年
加藤周一『現代ヨーロッパの精神』岩波書店、一九五九年

加藤周一『サルトル』講談社、一九八四年
北見秀司『サルトルとマルクス　Ⅰ見えない「他者」の支配の陰で』春風社、二〇一〇年
北見秀司『サルトルとマルクス　Ⅱ万人の複数の自律のために』春風社、二〇一一年
清眞人『〈受難した子供〉の眼差しとサルトル』御茶の水書房、一九九六年
清眞人『サルトルの誕生　ニーチェの継承者にして対決者』藤原書店、二〇一二年
澤田直『〈呼びかけ〉の経験　サルトルのモラル論』人文書院、二〇〇二年
澤田直『新・サルトル講義　未完の思想、実存から倫理へ』平凡社新書、二〇〇二年
澤田直『サルトルのプリズム　二十世紀フランス文学・思想論』法政大学出版局、二〇一九年
澤田直（編）『サルトル読本』法政大学出版局、二〇一五年
白井健三郎『実存と虚無』朝日出版社、一九七二年
白井浩司『サルトルとその時代』アートデイズ、二〇一二年
竹内芳郎『実存的自由の冒険　ニーチェからマルクスまで』現代思潮社、一九六三年
竹内芳郎『サルトルとマルクス主義』紀伊國屋新書、一九六五年
竹内芳郎『サルトル哲学序説』盛田書店、一九六六年
野間宏『サルトル論』『野間宏全集』第十九巻、筑摩書房、一九七〇年
長谷川宏『同時代人サルトル』講談社学術文庫、二〇〇一年
平井啓之『ランボオからサルトルへ　フランス象徴主義の問題』講談社学術文庫、一九八九年
松浪信三郎『サルトル』勁草書房、一九六六年
水野浩二『サルトルの倫理思想　本来的人間から全体的人間へ』法政大学出版局、二〇〇四年
水野浩二『倫理と歴史　一九六〇年代のサルトルの倫理学』月曜社、二〇一九年
三宅芳夫『知識人と社会　J＝P・サルトルにおける政治と実存』岩波書店、二〇〇〇年

＊

ミシェル・ヴィノック『知識人の時代　バレス／ジッド／サルトル』（塚原史・立花英裕・築山和也・久保昭博訳）紀伊國屋書店、二〇〇七年
アニー・コーエン＝ソラル『サルトル』（石崎晴己訳）文庫クセジュ、二〇〇六年

アニー・コーエン＝ソラル『サルトル伝』上・下（石崎晴己訳）藤原書店、二〇一五年
フレドリック・ジェイムソン『サルトル　回帰する唯物論』（三宅芳夫ほか訳）論創社、一九九九年
フランシス・ジャンソン『サルトル』（伊吹武彦訳）人文書院、一九五七年
フランシス・ジャンソン『もう一人のサルトル』（海老坂武訳）晶文社、一九七一年
フランシス・ジャンソン『伝記サルトル』（権寧訳）筑摩書房、一九七六年
ヴァルター・ビーメル『サルトル』（岩波哲男訳）理想社、一九六七年
アンナ・ボスケッティ『知識人の覇権　20世紀フランス文化界とサルトル』（石崎晴己訳）新評論、一九八七年
アニエス・ポワリエ『パリ左岸　1940―50年』（木下哲夫訳）白水社、二〇一九年
トリル・モイ『ボーヴォワール　女性知識人の誕生』（大橋洋一ほか訳）平凡社、二〇〇三年
アラン・ルノー『サルトル、最後の哲学者』（水野浩二訳）法政大学出版局、一九九五年
R・D・レイン／D・G・クーパー『理性と暴力　サルトル哲学入門』（足立和浩訳）番町書房、一九七三年
ベルナール＝アンリ・レヴィ『サルトルの世紀』（石崎晴己監訳）藤原書店、二〇〇五年

＊

なお廣松渉のサルトル批判に関連して、本文中では編輯的に再編された論文「共同主観性の存在論的基礎」を『世界の共同主観的存在構造』（岩波文庫版）から引用したが、原型となった論攷「人間存在の共同性の存立構造」について、現在では『廣松渉コレクション』第一巻（山本耕一編、情況出版、一九九五年）に収められたテクストで読むことができる。

あとがき

一九七〇年代に文学の夢を見ていた少年たちは、ドストエフスキーを読み、カミュに親しみ、またサルトルにもふれている。内心の不良を気取る未成年のうち或る者たちは、その時節はまだひそかに実存主義者たることを自任し、あるいはシュルレアリストであることを公言していた。前者はひそやかな自称であったのに対し、後者が公然たる宣言となった理由はよくわからない。たぶんシュルレアリストのほうが〝少数派〟であったことと関係があるのだろう。

ご多分に漏れず、そのころやはり『嘔吐』を読んで、『存在と無』の頁も開いたが、私自身は実存主義者となることもなく、サルトル主義者を名のることもしなかった。おなじころサルトルと前後して一方で埴谷雄高『死霊』に入れあげ、他方で廣松渉の著書を読みはじめていたことと、この件はたぶん関係がある。大学に入ってからは、どちらかといえばドイツ語で書かれた古典的な哲学書の勉強に集中したから、サルトルに立ちもどる機会もなく、気がつけば、大学教師としてもうすぐ定年を迎える。その間ときおり、どこかでなにか、いくつかの忘れ物をしたような気もしていたが、その忘れ物のひとつがサルトルだったことに気づいたのは、わりと最近のことである。理由はいくつかあるけれど、そこにはかなり個人的な記憶も、筆にすればむしろおろかしい消息も含まれているから、ここでは挙げない。

永年の畏友・大澤真幸氏とともに本シリーズ「極限の思想」の責任編集を引きうけたさいに、やや逡巡したのは、当のシリーズ中の一書としてじぶん自身はだれをとり上げ書けばよいのかについてであった。サルトルに落ち着いたきっかけはそれじたい偶然にひとしいが、結果としてはすくなくともじぶんにとって幸運なことだったと思っている。

編集者としての上田哲之氏と邂逅したのは、もう三十年ちかくまえのことになる。氏の要件は「今度『レ・タン・モデルヌ』という雑誌を創刊したいと思っているのだが、協力してくれないか」というものだった。上田氏自身の構想がたぶん二転三転して、社内事情のいくらかも働いたのだろう、じっさいに刊行されたのは『別冊「本」ラチオ』という不定期刊の思想雑誌であったけれども、当初の企画は『レ・タン・モデルヌ』日本版であったことは、上田さんは嫌がるかもしれないが、なにはともあれここに書きのこしておきたい。

その上田哲之さんと組んで『サルトル』と題する書物を出すことになったのは、やはり因縁というものだろう。先が見えないコロナ禍のなか、本書の執筆、編輯、制作も、いくつかのアクシデントに見舞われたが、いまは右記の件に思いを馳せて、いくらかの幸福感に浸っている。なお慧眼な読者諸氏はすでにお見通しのところであろうが、本書の副題「全世界を獲得するために」は、サルトルの戦中日記の一節にちなんだものであるしだいを、念のため付言しておく。

二〇二二年初夏

熊野純彦

熊野純彦（くまの・すみひこ）

一九五八年生まれ。東京大学文学部卒業。現在、東京大学文学部教授。専攻は、倫理学・哲学史。主な著書に、『レヴィナス』『差異と隔たり』『西洋哲学史』（全二冊）（岩波書店）、『カント』『埴谷雄高』（講談社）、『ヘーゲル』（筑摩書房）、『メルロ＝ポンティ』（NHK出版）、『マルクス 資本論の思考』（せりか書房）、『本居宣長』（作品社）、『戦後思想の一断面 哲学者廣松渉の軌跡』（ナカニシヤ出版）、『三島由紀夫』（清水書院）など多数。訳書に、カント『純粋理性批判』『実践理性批判』『判断力批判』（作品社）、ハイデガー『存在と時間』（岩波書店）、ヘーゲル『精神現象学』（筑摩書房）などがある。

le livre

極限の思想

サルトル　全《ぜん》世界《せかい》を獲得《かくとく》するために

二〇二二年　一二月　一三日　第一刷発行

発行者　鈴木章一

発行所　株式会社講談社

東京都文京区音羽二丁目一二―二一　〒一一二―八〇〇一

電話（編集）〇三―三九四五―四九六三

（販売）〇三―五三九五―四四一五

（業務）〇三―五三九五―三六一五

KODANSHA

著者　熊《くま》野《の》純《すみ》彦《ひこ》

装幀者　森　裕昌

本文データ制作　講談社デジタル製作

本文印刷　株式会社ＫＰＳプロダクツ

カバー・表紙印刷　半七写真印刷工業株式会社

製本所　大口製本印刷株式会社

ISBN978-4-06-530230-9　Printed in Japan　N.D.C.100　232p　19cm

世界樹

もとは北欧神話に出てくる世界を支える樹。
宇宙樹ともいう。
世界の中心に幹を伸ばし、枝葉は世界を覆う。
根は三本あり、それぞれ人間界、巨人界、冥界に伸びている。
根のそばの泉で神々が毎日集い、様々なことを協議し、審判を下す。
生と叡智、思惟の象徴。

le livre

フランス語で「本」を意味する《livre》に定冠詞《le》をつけた「ル・リーヴル」は、講談社選書メチエの中に新たに設けられた特装版シリーズです。従来の講談社選書メチエの枠を超える形式やテーマを試みたり、物質としての本の可能性を探ったりします。

今あらためて「本というもの」を問い直すために――。

講談社選書メチエの再出発に際して

講談社選書メチエの創刊は冷戦終結後まもない一九九四年のことである。長く続いた東西対立の終わりはついに世界に平和をもたらすかに思われたが、その期待はすぐに裏切られた。超大国による新たな戦争、吹き荒れる民族主義の嵐……世界は向かうべき道を見失った。そのような時代の中で、書物のもたらす知識が一人一人の指針となることを願って、本選書は刊行された。

それから二五年、世界はさらに大きく変わった。特に知識をめぐる環境は世界史的な変化をこうむったとすら言える。インターネットによる情報化革命は、知識の徹底的な民主化を推し進めた。誰もがどこでも自由に知識を入手でき、自由に知識を発信できる。それは、冷戦終結後に抱いた期待を裏切られた私たちのもとに差した一条の光明でもあった。

その光明は今も消え去ってはいない。しかし、私たちは同時に、知識の民主化が知識の失墜をも生み出すという逆説を生きている。堅く揺るぎない知識も消費されるだけの不確かな情報に埋もれることを余儀なくされ、不確かな情報が人々の憎悪をかき立てる時代が今、訪れている。

この不確かな時代、不確かさが憎悪を生み出す時代にあって必要なのは、一人一人が堅く揺るぎない知識を得、生きていくための道標を得ることである。

フランス語の「メチエ」という言葉は、人が生きていくために必要とする職、経験によって身につけられる技術を意味する。選書メチエは、読者が磨き上げられた経験のもとに紡ぎ出される思索に触れ、生きるための技術と知識を手に入れる機会を提供することを目指している。万人にそのような機会が提供されたとき初めて、知識は真に民主化され、憎悪を乗り越える平和への道が拓けると私たちは固く信ずる。

この宣言をもって、講談社選書メチエ再出発の辞とするものである。

二〇一九年二月　　野間省伸

ヘーゲル『精神現象学』入門　長谷川　宏
カント『純粋理性批判』入門　黒崎政男
知の教科書　ウォーラーステイン　川北　稔編
人類最古の哲学　カイエ・ソバージュⅠ　中沢新一
熊から王へ　カイエ・ソバージュⅡ　中沢新一
愛と経済のロゴス　カイエ・ソバージュⅢ　中沢新一
神の発明　カイエ・ソバージュⅣ　中沢新一
対称性人類学　カイエ・ソバージュⅤ　中沢新一
知の教科書　スピノザ　C・ジャレット　石垣憲一訳
知の教科書　ライプニッツ　F・パーキンズ　梅原宏司・川口典成訳
知の教科書　プラトン　M・エルラー　三嶋輝夫ほか訳
フッサール　起源への哲学　斎藤慶典
完全解読　ヘーゲル『精神現象学』　竹田青嗣　西　研
完全解読　カント『純粋理性批判』　竹田青嗣
分析哲学入門　八木沢　敬
ドイツ観念論　村岡晋一
ベルクソン＝時間と空間の哲学　中村　昇

精読　アレント『全体主義の起源』　牧野雅彦
九鬼周造　藤田正勝
夢の現象学・入門　渡辺恒夫
ヨハネス・コメニウス　相馬伸一
アダム・スミス　高　哲男
ラカンの哲学　荒谷大輔
解読　ウェーバー『プロテスタンティズムの倫理と資本主義の精神』　橋本　努
新しい哲学の教科書　岩内章太郎
アガンベン《ホモ・サケル》の思想　上村忠男
使える哲学　荒谷大輔
極限の思想　バタイユ　佐々木雄大
極限の思想　ニーチェ　城戸　淳
極限の思想　ドゥルーズ　山内志朗
極限の思想　ハイデガー　高井ゆと里
極限の思想　サルトル　熊野純彦
〈実存哲学〉の系譜　鈴木祐丞

最新情報は公式twitter　→@kodansha_g
公式facebook　→https://www.facebook.com/ksmetier/

近代性の構造　今村仁司
身体の零度　三浦雅士
近代日本の陽明学　小島 毅
未完のレーニン　白井 聡
経済倫理＝あなたは、なに主義？　橋本 努
ヨーガの思想　山下博司
パロール・ドネ　C・レヴィ＝ストロース　中沢新一訳
ブルデュー 闘う知識人　加藤晴久
熊楠の星の時間　中沢新一
絶滅の地球誌　澤野雅樹
共同体のかたち　菅 香子
三つの革命　佐藤嘉幸・廣瀬 純
なぜ世界は存在しないのか　マルクス・ガブリエル　清水一浩訳
「東洋」哲学の根本問題　斎藤慶典
言葉の魂の哲学　古田徹也
実在とは何か　ジョルジョ・アガンベン　上村忠男訳
創造の星　渡辺哲夫

いつもそばには本があった。　國分功一郎・互 盛央
創造と狂気の歴史　松本卓也
「私」は脳ではない　マルクス・ガブリエル　姫田多佳子訳
AI時代の労働の哲学　稲葉振一郎
西田幾多郎の哲学＝絶対無の場所とは何か　中村 昇
名前の哲学　村岡晋一
「心の哲学」批判序説　佐藤義之
贈与の系譜学　湯浅博雄
「人間以後」の哲学　篠原雅武
ドゥルーズとガタリの『哲学とは何か』を精読する　近藤和敬
自由意志の向こう側　木島泰三
自然の哲学史　米虫正巳
夢と虹の存在論　松田 毅
クリティック再建のために　木庭 顕
AI時代の資本主義の哲学　稲葉振一郎
ウィトゲンシュタインと言語の限界　ピエール・アド　合田正人訳
ときは、ながれない　八木沢 敬